Johann Dachs

TOD DURCH DAS FALLBEIL

BAYERISCHE BIOGRAPHIEN

Herausgegeben von Albert von Schirnding

Johann Dachs

Tod durch das Fallbeil

Der deutsche Scharfrichter Johann Reichhart
(1893–1972)

Mit einem Nachwort von
Friedrich-Christian Schroeder

Mittelbayerische
Druck- und Verlags-Gesellschaft
Regensburg

Die Deutsche Bibliothek – CIP-Einheitsaufnahme
Dachs, Johann:
Tod durch das Fallbeil : der deutsche Scharfrichter
Johann Reichhart (1893 - 1972) / Johann Dachs.
Mit einem Nachw. von Friedrich-Christian Schroeder. -
Regensburg : Mittelbayerische Dr.- und Verl.-Ges., 1996
(Bayerische Biographien)
ISBN 3-927529-74-5

Johann Dachs
Tod durch das Fallbeil
Der deutsche Scharfrichter Johann Reichhart (1893–1972)
Mit einem Nachwort von Friedrich-Christian Schroeder

Umschlag: Hans Bauer, Regensburg.
Die Abbildung zeigt den Scharfrichter Johann Reichhart
mit seinen beiden Gehilfen vor einer Hinrichtung im Hof des
Regensburger Landgerichtsgefängnisses im Jahr 1925.
Herstellung: Druckzentrum der Mittelbayerischen Zeitung Regensburg

ISBN 3-927529-74-5

INHALTSVERZEICHNIS

WIE DIESES BUCH ENTSTAND

Ich bin als Sechzehnjähriger an meinem Arbeitsplatz in der Stadtverwaltung Straubing dem Scharfrichter Johann Reichhart persönlich begegnet. Das war im August 1944. Reichhart besuchte damals meinen Vorgesetzten, zu dem er seit ihrer gemeinsamen Soldatenzeit im ersten Weltkrieg eine kameradschaftliche Verbindung besaß. Dieser Kontakt blieb auch noch bestehen, als sich andere Freunde und Bekannte von ihm abgewandt hatten.
Ich war von der Begegnung mit dem Scharfrichter Reichhart eigenartig berührt. Er war elegant gekleidet und wirkte auf mich sehr freundlich und höflich, ganz anders, als ich mir damals einen Scharfrichter vorgestellt hatte. Aber es war auch ein sehr eigenartiges Gefühl, einem Mann gegenüberzustehen, der zu diesem Zeitpunkt bereits Tausende von Hinrichtungen mit dem Fallbeil vollzogen hatte. Die Person dieses merkwürdigen Mannes hat mich seitdem nie mehr ganz losgelassen.
Die beiden Straubinger Geschäftsleute, die wegen Sittlichkeitsverbrechen an halbwüchsigen Mädchen zum Tode verurteilt und von Reichhart im Oktober 1944 hingerichtet wurden, sind mir ebenfalls im Gedächtnis geblieben. Ich sehe sie noch deutlich vor mir, wie sie, jeder an einen Kriminalbeamten gekettet, mit versteinerter Miene und gesenktem Blick durch den Haupteingang des Straubinger Rathauses zu den Diensträumen der Kriminalpolizei geführt wurden. Bald darauf bat der Leiter der dortigen Kriminalpolizei meinen Vorgesetzten, mich zur Protokollführung bei den Vernehmungen heranziehen zu dürfen.
Das gute persönliche Einvernehmen zwischen meinem damaligen Vorgesetzten, Oberinspektor M., und dem Kriminalobersekretär R. ermöglichte es mir, öfter als einmal bei den kriminalpolizeilichen Vernehmungen die Niederschriften anzufertigen. Dadurch gewann ich einen gewissen Einblick in die kriminalistischen Untersuchungen, was mir bei meinen späteren Recherchen über den Scharfrichter Johann Reichhart zugute kam.

Von Oberinspektor M., einem der ganz wenigen Freunde Reichharts, erfuhr ich damals auch Näheres über den bayerischen Scharfrichter. Weitere Auskünfte sammelte ich in den frühen fünfziger Jahren. Johann Reichhart war als Scharfrichter des NS-Regimes von der Spruchkammer im Dezember 1948 in Gruppe 2 (Belastete) eingestuft und verurteilt worden. In der Berufungsverhandlung im November 1949 wurde das Urteil abgemildert. Die ursprünglich verhängte Einweisung in ein Arbeitslager galt durch die eineinhalbjährige Untersuchungshaft als verbüßt.
Reichharts Arbeitsvertrag als Scharfrichter war im Mai 1949 offiziell beendet worden. Als er dann ebenso wie viele andere Belastete aus der Zeit des Dritten Reiches wieder ein freier Mann war, fand sich langsam auch sein alter Freundeskreis zusammen. Es kam in regelmäßigen Zeitabständen an verschiedenen Orten zu „Kameradschaftstreffen“, wo alte Erinnerungen aufgefrischt wurden.
Vor diesem Kreis erzählte er relativ ungeschminkt von etlichen seiner Hinrichtungen, besonders von den spektakulären Fällen, die bei den Zuhörern ihre Wirkung nicht verfehlt haben sollen.
Durch meine Tätigkeit im Polizeidienst bekam ich Kontakt zu einigen Mitgliedern von Reichharts Kameradschaftskreis. Ihnen verdanke ich zahlreiche Aussagen und Berichte, die hier zum ersten Mal publiziert werden. Im übrigen gestalteten sich meine Nachforschungen oft recht schwierig. Sobald ich den Namen Reichhart erwähnte, stieß ich auf eine Mauer des Schweigens. Es gelang mir aber dennoch, die wichtigsten Stationen von Reichharts Lebensweg nachzuzeichnen.
1993 kam mit einer dreiteiligen Artikelserie in der Altbayerischen Heimatpost meine erste Publikation über Bayerns letzten Scharfrichter heraus. Den entscheidenden Anstoß für das vorliegende Buch aber gab dann im August 1994 der Buchverlag der Mittelbayerischen Zeitung in Regensburg. Der Kontakt war zustandegekommen, nachdem der Verlag von meiner Artikelserie in der Altbayerischen Heimatpost erfahren hatte. Außerdem hatte ich zu diesem Zeitpunkt bereits mein Buch über die Landstorfer-Bande herausgebracht. Der Verlagsleiter fragte mich, ob ich Zeit und Lust hätte, eine Biographie des letzten bayerischen Scharfrichters

zu schreiben. Ich sagte zu, weil ich vom Bayerischen Staatsministerium der Justiz informiert worden war, daß die Personalakte Reichhart demnächst an das Bayerische Hauptstaatsarchiv abgegeben werden sollte. Mit Unterstützung des Verlags erhielt ich schließlich die Möglichkeit zur Einsicht in das vorhandene Aktenmaterial.

Jenes Aktenmaterial sowie die zahlreichen von mir gesammelten mündlichen Aussagen von Zeitzeugen bilden die Grundlage für dieses Buch. Es ist keine Biographie im streng wissenschaftlichen Sinn. Da es sich an einen breiteren Leserkreis wendet, wurde auf Belegstellen und Anmerkungen verzichtet. Die mündlichen Zitate wurden mir noch zu Lebzeiten Reichharts glaubhaft überliefert. Etlichen Spuren bin ich selbst erfolgreich nachgegangen.

Das Buch will versuchen, den Lebensweg eines Mannes nachzuzeichnen, der 1924, in relativ jungen Jahren, das Amt des bayerischen Scharfrichters übernimmt und dann bis zum Jahr 1947 insgesamt 3165 Todesurteile vollstrecken wird. Es werden die Umstände erklärt, die Reichhart zu dieser Tätigkeit brachten, sowie die Bedingungen, unter denen er sein blutiges Handwerk ausübte. Ein besonderes Anliegen ist es mir darzustellen, daß die Person des Scharfrichters im 20. Jahrhundert noch genauso verfemt und geächtet war wie einst im Mittelalter. Dabei wird deutlich, daß der letzte bayerische Scharfrichter ein zutiefst unglücklicher, einsamer und von allen gemiedener Mensch war. Obwohl er für seine Frau und seine drei Kinder stets ein treusorgender Familienvater war, hat sich seine Frau von ihm getrennt. Auch alle Freunde und Bekannten haben sich, bis auf ganz wenige Ausnahmen, von ihm zurückgezogen.

Es geht in diesem Buch nicht um die Todesstrafe, nicht um ein Für und ein Wider. Die Todesstrafe ist durch das Grundgesetz der Bundesrepublik Deutschland 1949 aus guten Gründen abgeschafft worden. Als der Scharfrichter Johann Reichhart die Verurteilten mit der Guillotine richtete, war jedoch die Todesstrafe im Freistaat Bayern wie auch im übrigen Deutschen Reich geltendes Recht. Der Scharfrichter, der damals auch Nachrichter genannt wurde, vollzog nur das, was ihm Recht und Gesetz auferlegten. Auch darum geht es in diesem Buch.

Es kann freilich nicht verschwiegen werden, daß der Scharfrichter Reichhart in der Zeit des Dritten Reiches, teils freiwillig und teils gezwungenermaßen, eine recht traurige Rolle übernommen hat. Dem Nationalsozialismus stand er von Anfang an mit Zustimmung gegenüber. Seit 1933 gehörte er verschiedenen Untergliederungen der NSDAP an, und 1937 trat Reichhart schließlich in die Partei ein. Es kann kaum ein Zweifel bestehen, daß er sich spätestens ab 1943 darüber im klaren war, daß sich unter seinen Delinquenten auch zahlreiche Opfer einer politischen Justiz befanden. Reichhart hatte mehrmals vergeblich versucht, aus seinem Vertrag herauszukommen. In der Berufungsverhandlung der Spruchkammer räumte auch das Bayerische Justizministerium ein, daß eine Kündigung Reichharts zur Zeit des Dritten Reiches risikoreich gewesen wäre und ihm erhebliche Nachteile eingebracht hätte.

Ohne freundliche Unterstützung hätte das Buch nicht in der vorliegenden Form zustandekommen können. Ich danke dem Bayerischen Staatsministerium der Justiz für die gewährte Akteneinsicht sowie Herrn Dr. Saupe vom Bayerischen Hauptstaatsarchiv in München, der mir die Personalakte Johann Reichhart schließlich vorlegte. Ferner danke ich Herrn Dr. Weber vom Bayerischen Staatsarchiv München, der es mir ermöglichte, zusätzliches Aktenmaterial einzusehen und auszuwerten . Dankbar bin ich auch dem Bundesarchiv in Koblenz, das mir das gewünschte Material zur Verfügung stellte, ebenso wie dem Bayerischen Staatsarchiv Augsburg, das mir etliche Gerichtsakten zur Einsicht vorlegte. Dem Verlagsleiter Dr. Konrad M. Färber danke ich besonders für die sorgfältige Betreuung, die bereichernde Ergänzung und die aufmerksame Lektorierung meines Manuskripts. Dank gebührt auch Herrn Prof. Dr. Eberhard Dünninger, Generaldirektor der Bayerischen Staatlichen Bibliotheken in München, für die Hilfe bei der Beschaffung von schwer zugänglicher Literatur. Nicht zuletzt gilt Herrn Prof. Dr. Friedrich-Christian Schroeder von der Universität Regensburg mein Dank, sowohl für das Nachwort als auch für manche Anregung und Ergänzung, die er meinem Manuskript angedeihen ließ.

Johann Dachs

EINE EINÖDE BEI REGENSBURG

In Wichenbach, einer stillen Einöde zwischen Wörth an der Donau und dem Dörfchen Tiefenthal im Landkreis Regensburg, kam Johann Reichhart am 29. April 1893 zur Welt. Sein Vater besaß eine kleine Landwirtschaft und war im Nebenerwerb „Wasenmeister". Diese Berufsbezeichnung führten die „Abdecker" oder „Schinder", die sich auf dem Land um die Tierkörperbeseitigung kümmerten. Notgeschlachtete und verendete Tiere, die nicht für den menschlichen Verzehr geeignet waren, oder andere Tierkadaver wurden dem „Schinder" übergeben. In der ländlichen Bevölkerung ist diese Bezeichnung bis heute bekannt. Gegen Bezahlung vergrub der Schinder die Kadaver auf eigens dafür ausgewiesenen „Wasenplätzen", von denen es im Voralpenland noch immer einige gibt.
Die kleine Landwirtschaft in Wichenbach warf für die Familie Reichhart keine übermäßigen Erträge ab. Nur in Verbindung mit den in der Regel recht stattlichen Einkünften aus der Wasenmeisterei konnte der Vater Frau und Kinder ernähren. Als er plötzlich starb und die Last der Versorgung von nun an auf den Schultern der Mutter lag, mußten auch der damals neunjährige Hans und sein älterer Bruder Michael kräftig mit anpacken.
Der kleine Hans ging zur Schule nach Wörth an der Donau. Er war nicht unbegabt. Sowohl in der Volks- wie auch in der Feiertagsschule erzielte er jeweils einen ordentlichen Abschluß. Das Haus, in dem er zur Welt kam, steht noch. Die jetzigen Besitzer haben es lediglich in der baulichen Struktur etwas verändert. Umgeben von Wald, Buschwerk und Wiesengrund, ist es eine Idylle. Auch der alte Stadel ist in seinem Ursprung erhalten geblieben. Steht man vor dem Anwesen, könnte einen fast die Gänsehaut überziehen bei dem Gedanken, drinnen habe einmal ein Bub mit Geschwistern und anderen Kindern Verstecken gespielt, der als Erwachsener ein berühmt-berüchtigter „Scharfrichter" wurde und mehr Menschen durch Enthaupten und Erhängen das Leben nahm als jeder seiner Vorgänger in diesem makabren Gewerbe.

Die Einöde Wichenbach bei Regensburg mit dem Geburtshaus des Scharfrichters Johann Reichhart.

Unverändert bis heute blieb der alte Stadel, in dem Johann Reichhart als Kind spielte.

Die Familie Reichhart gehörte seit etwa der Mitte des 18. Jahrhunderts zu der großen bayerischen Scharfrichtersippe der Familien Keysser, Schellerer und Kißlinger. Das Amt des Scharfrichters „vererbte" sich gewissermaßen vom Vater auf den Sohn, vom Großvater auf den Enkel, vom Onkel auf den Neffen und schließlich auch auf Männer in der Schwägerschaft.
Noch das ganze Mittelalter hindurch galt der Beruf des Scharfrichters als ein „unehrliches" Gewerbe. Der Scharfrichter wurde von seinen Mitmenschen gemieden, denn schon die bloße Berührung mit ihm wurde als „entehrend" angesehen. Im Gasthaus mußte er allein an einem eigenen Tisch sitzen und durfte nur aus einem für ihn bestimmten Krug trinken, der mit einer eisernen Kette am Tisch festgemacht war. Er mußte, um immer sofort erkannt zu werden, stets in besonderer und auffallender Weise gekleidet sein. Der Scharfrichter durfte nicht in der Stadt wohnen. Ihm wurde ein Haus an der Stadtmauer zugewiesen. Beim Besuch der heiligen Messe mußte er mit dem letzten Platz in der hintersten Reihe der Kirche vorlieb nehmen. Seine letzte Ruhestätte fand er außerhalb des Gottesackers. Der Scharfrichter wurde zwar gebraucht, aber gleichzeitig wurde er doch mehr verachtet als gefürchtet.
Auch wenn sich die Bestimmungen mit dem Ausgang des Mittelalters etwas lockerten, war den Söhnen der Scharfrichter im allgemeinen das Erlernen eines Handwerks nicht möglich, weil ihnen die Zünfte stets die Aufnahme verweigerten. Ihnen blieb daher meistens gar nichts anderes übrig, als den Beruf des Vaters zu ergreifen. Auf diese Weise entstanden die Scharfrichter-Familien.
So wie in Bayern war es in fast allen Ländern: Der Beruf des Scharfrichters war ein Beruf, der in der Familie blieb, und was im Königreich Bayern und im späteren Freistaat die Familie Reichhart war, das war in Frankreich die berühmte Scharfrichter-Familie Sanson, die von der Mitte des 17. Jahrhunderts an über sechs Generationen dem Königreich ebenso diente wie der Revolution,

Napoleons Kaiserreich ebenso wie den zurückgekehrten Bourbonen-Königen.
Die bayerische Scharfrichter-Sippe reicht in das 18. Jahrhundert zurück. Als die erste urkundlich belegte Ernennung eines Angehörigen dieser Familie gilt die des Jakob Keysser, die am 30. Oktober 1786 in Würzburg erfolgte. Keysser, der mit einer Reichhart verheiratet war, hatte das Amt bereits von seinem Vater übernommen. Sein Nachfolger im Königreich Bayern wurde 1836 Lorenz Schellerer, der ebenfalls in die Familie Reichhart eingeheiratet hatte. Lorenz Schellerer war jener in die Geschichte eingegangene bayerische Scharfrichter, der 1854 auf dem Münchner Heumarkt (heute Rindermarkt) die letzte Hinrichtung mit dem Handschwert vollzog. Im schwarzen Umhang mit Kapuze und Augenschlitzen stand der Scharfrichter auf dem Blutgerüst, das Richtschwert mit beiden Händen fest umklammert, und erwartete sein Opfer. Dann schleifte der Henkersknecht eine sich heftig wehrende Gattenmörderin durch eine Gasse gaffender Schaulustiger zum Richtplatz. Die Gehilfen des Scharfrichters verbanden ihr die Augen. In kniender Haltung sollte ihr der Kopf abgeschlagen werden. Obwohl ihr die Augen verbunden waren, gelang es der Delinquentin mehrmals, den Schwerthieben des Scharfrichters auszuweichen, so daß diese ins Leere gingen.
Als Schellerer dem Henkersknecht mit einem Handzeichen klarmachte, daß er Schwierigkeiten habe, an der Knienden die Strafe zu vollziehen, rückte dieser einen bereitgestellten Holzbock heran und drückte den Kopf der Frau in eine ausgeschlagene Kerbe. Danach führte der Scharfrichter einen kräftigen Hieb, und die scharfe Schwertklinge trennte das Haupt vom Rumpf. Schellerer packte sodann den abgeschlagenen Kopf an den Haaren und zeigte ihn der tosenden Menschenmenge.
Es war eine mittelalterliche Szene von barbarischer Grausamkeit. Aber sie gab letztlich den Ausschlag für eine entscheidende Reform im Strafrecht des Bayerischen Königreichs. Wenige Wochen später, am 5. August 1854, verfügte der bayerische König Maximilian II. die Abschaffung des mittelalterlichen Richtschwerts. Der König bestimmte, daß die Todesstrafe nach französischem Vorbild ausschließlich mit der Guillotine vollstreckt werden müsse.

Die Guillotine, in der deutschen Sprache auch Fallbeil oder Fallschwertmaschine genannt, war während der Französischen Revolution nach mehrfachen Anträgen des Arztes Dr. Joseph Ignace Guillotin konstruiert und in Gebrauch genommen worden. Wie Daniel Arasse in seinem Buch „Die Guillotine" schreibt, war der Mediziner Dr. Guillotin bei seinem Antrag „von einem humanitären Impetus getragen. Er wußte sich den fortschrittlichen Geistern seiner Zeit verwandt, die, wenn nicht die Abschaffung der Todesstrafe, so doch zumindest eine Milderung der Strafen und die Beseitigung der Folter verlangen." „Guillotins Gedanke" so Arasse weiter „war einfach: Ein altbekanntes, in ähnlicher Form bereits in Italien, Deutschland, England eingesetztes Instrument sollte technisch auf den neuesten Stand gebracht wieder eingeführt werden."

Eine genaue Beschreibung der im damaligen Europa schon seit dem 15. Jahrhundert bekannten Enthauptungsmaschine, die in Italien „Mannaja", in England „Halifax gibet" und in Schottland schmeichelhafterweise „Maiden" genannt wurde, befindet sich im Reisebericht des Dominikaners Labat („Voyage en Espagne et en Italie"), der 1730 in Paris erschienen ist:

„Den Kopf schlägt man dort mit der Mannaja ab. Diese Art der Enthauptung ist sehr sicher und erspart dem Hinzurichtenden jene Leidens-Verlängerung, welcher er zuweilen durch die Ungeschicklichkeit eines Strafvollziehers ausgesetzt ist, der die Trennung des Kopfes vom Rumpfe nur nach mehrmals wiederholten Streichen bewirkt... Das Werkzeug, welches Mannaja genannt wird, ist ein 4 bis 5 Schuh hohes und inwendig etwa 15 Zoll breites Gestell. Es besteht aus zwei Balken, die gegen drei Zoll ins Gevierte stark und inwendig mit Fugen versehen sind, in denen ein Querholz herabgleiten kann. Diese beiden Balken sind durch drei, mit Zapfen und Zapfenlöchern versehene Querhölzer verbunden. Zwei von diesen Querhölzern sind an den entgegenstehenden

Die Hinrichtung des Titus Manlius mit der „Mannaja",
der Vorläuferin der Guillotine.

Enden der Balken befestigt, und ein drittes liegt ungefähr 15 Zoll über dem untersten, auf welches der Verurteilte kniend sein Haupt legt. Über diesem untersten, unbeweglichen Querholze befindet sich ein bewegliches, an dessen innerer Seite ein scharfes, 9–10 Zoll langes und 6 Zoll breites Schneidemesser angebracht ist. Der obere Teil dieses Querholzes ist mit einem Bleigewichte von 60–80 Pfund beschwert, welches fest mit demselben verbunden ist. Man zieht dieses mörderische Querholz bis zu einer Entfernung von ein oder zwei Zoll nach dem oberen Querholze zu, in die Höhe, wo man es mit einem kleinen Strick festbindet. Auf ein vom Barigello oder Häscherhauptmann gegebenes Zeichen braucht der Scharfrichter nur diesen kleinen Strick zu durchschneiden, worauf sodann augenblicklich das stark beschwerte Querholz auf den Nacken des Verurteilten herabstürzt und mit der daran befindlichen Schneide denselben vom Rumpfe trennt, ohne Gefahr, den Streich zu verfehlen."

Vielfach war die Hinrichtung mit diesem Vorläufer der Guillotine jedoch ein Privileg des Adels. Auch die durch die Literatur berühmt gewordene 22jährige Vatermörderin Beatrice Cenci, die in Rom –unter dem Pontifikat Clemens VIII. erst ausgepeitscht, dann mit der Veglia gefoltert und schließlich zum Tod verurteilt worden war, wurde am 10. September 1599 vor der Engelsburg mit einer solchen Mannaja hingerichtet. Sie setzte sich nach römischem Brauch rittlings über eine schmale Richtbank vor der Mannaja und legte dann auf ein Zeichen des Scharfrichters den Oberkörper nach vorne auf ein schmales Brettchen. Dann streckte der Henker ihren Kopf an den Haaren. Im selben Moment sauste das Beil herunter.

Demetrio Giustiniani, der 1507 in Genua einen Aufstand gegen den französischen König angezettelt hatte, starb unter dem Fallbeil ebenso wie Herzog Heinrich von Montmorency im Jahr 1632, der gegen Kardinal Richelieu zur Waffe gegriffen hatte. Vorläufer dieses Enthauptungsinstruments gab es sogar schon im 12. und 13. Jahrhundert in Neapel, Holland und Deutschland. Leute einfachen Standes aber wurden weiterhin aufgehängt, auf dem Scheiterhaufen verbrannt, mit dem Beil oder dem Schwert geköpft, gerädert oder gar gevierteilt.

Dem aufgeklärten Dr. Guillotin war es darum zu tun, alle Verurteilten, unabhängig von Rang und Stand, derselben Hinrichtungsart zu unterwerfen. Das Prinzip der Gleichheit vor dem Gesetz, eine der wesentlichen Errungenschaften der Aufklärung, sollte auch dann verwirklicht werden, wenn es galt, die Höchststrafe zu vollstrecken.

Das von Dr. Guillotin der Nationalversammlung vorgeschlagene Modell einer Maschine zur Enthauptung der Verbrecher.

Ein weiteres und wesentliches Motiv für ihn, die Guillotine vorzuschlagen, war auch, daß er die Leiden der zum Tod Verurteilten auf ein Mindestmaß verringert sehen wollte. „Sie spüren nicht den leisesten Schmerz, höchstens einen ganz kurzen Hauch über dem Nacken." Mit diesen berühmt gewordenen Worten hatte er der französischen Nationalversammlung die von ihm erdachte Weiterentwicklung des Fallbeils vorgestellt. Dr. Guillotin erntete zunächst nur Gelächter, und es dauerte noch mehrere Jahre, bis sich die Nationalversammlung dazu entschließen konnte, das von ihm angeregte Instrument anfertigen zu lassen.
Paradoxerweise war Dr. Guillotin an der eigentlichen Konstruktion gar nicht mehr beteiligt. Es stellte sich nämlich heraus, daß er ein reiner Theoretiker war und nicht imstande, die von ihm so eifrig vorgeschlagene Köpfmaschine technisch exakt zu entwerfen. Der französische Generalprokurator Roederer mußte daher im Februar 1792 einen Kollegen Dr. Guillotins, den Chirurgen Dr. Louis, Sekretär der Chirurgischen Akademie, mit der Konstruktion beauftragen. Die technisch-handwerkliche Ausführung besorgte schließlich der deutsche Klavierbauer Tobias Schmidt, der mit 960 Livre das preisgünstigte Angebot gemacht hatte.
Am 25. April 1792 wurde die Guillotine zum ersten Mal in Gebrauch genommen: Der Raubmörder Nicolas-Jacques Pelletier wurde in Paris auf den Grève-Platz geführt, wo ihm gemäß den Bestimmungen des Strafgesetzbuches mit dem Fallbeil der Kopf abgeschlagen wurde. Es bleibt eine Ironie des Schicksals, daß die aus humanitären Gründen erfundene Guillotine schon kurze Zeit später zum Symbol der Schreckensherrschaft wurde, der Tausende von Unschuldigen zum Opfer fielen.
Die neue Köpfmaschine war ein Instrument, das im wesentlichen aus zwei Teilen bestand: einem Kippbrett, auf dem der Verurteilte festgeschnallt wurde, und einem etwa fünf Meter hohen Gerüst, von dem das scharf geschliffenen Fallbeil, von zwei seitlichen Schienen geführt, herabfiel und den Nacken des Verurteilten mit absoluter Genauigkeit traf. Das Kippbrett war beweglich. Der Delinqent wurde in der Regel aufrecht stehend daran festgegurtet und anschließend in waagrechte Position genau unter das Fallbeil geschwenkt. Der Kopf wurde dann noch mit einer Art Halsgeige

Der Arzt Dr. Joseph Ignace Guillotin

festgehalten. Die Hinrichtung mit dem Fallbeil dauerte meist nur ein paar Minuten. Die Verurteilten hatten keine langen Todesqualen mehr zu erleiden, denn die Maschine funktionierte mit einer im wahrsten Sinne des Wortes tödlichen Sicherheit.
Auch Dr. Louis, der die neue Guillotine konstruiert hatte, wies mehrmals auf diesen Punkt hin. Am 7. März 1792 rief er den Abgeordneten der Nationalversammlung die grausame Szene ins Gedächtnis, die sich erst wenige Jahre zuvor bei einer Hinichtung abgespielt hatte: „Der Henker führte einen Streich auf den Nacken; aber dieser Streich reichte nicht aus, den Kopf vom Rumpf zu trennen, er konnte es auch nicht. Der Rumpf, dessen Fall nichts verhinderte, wurde vorwärtsgeworfen, und drei oder vier Säbelstreiche waren notwendig, bevor der Kopf vom Rumpf getrennt war; diese Schlächterei, wenn der Ausdruck gestattet ist, konnte nur Entsetzen hervorrufen." (Abgedruckt bei Daniel Arasse, Die Guillotine, S. 217.)
Die deutschen Scharfrichter bezeichnete Dr. Louis als erfahrener und tüchtiger als ihre französischen Kollegen, mit der Begründung, diese Art der Hinrichtung werde in Deutschland häufiger vollzogen als in Frankreich. Dabei betonte er, daß in Deutschland auch Personen weiblichen Geschlechts, ohne Rücksicht auf ihren Stand, dieser Hinrichtungsmethode unterworfen würden.
In diesem Sinn erklärt auch der französische Historiker Michel Vovelle die Guillotine zu einer Errungenschaft der Aufklärung, die mit dem mittelalterlich-barocken Hinrichtungszeremoniell, den qualvollen Exekutionen und blutrünstigen Zurschaustellungen Schluß machte. Im Jahr 1756 – Rousseau hatte bereits seine wichtigsten Werke verfaßt – war Damiens, der König Ludwig XV. bei einem Attentatsversuch ein wenig mit dem Messer geritzt hatte, in einem grausigen Schauspiel in Paris öffentlich gefoltert und schließlich in vier Teile gerissen worden. Noch 1785 wurden in der französischen Hauptstadt ein Brandstifter und ein Ehebrecher öffentlich gerädert.
In Deutschland wurde die Guillotine zunächst nur in den Gebieten angewandt, die zur Zeit der napoleonischen Herrschaft von Frankreich besetzt waren. Zu den während der französischen Besatzung mit dem Fallbeil geköpften Verurteilten gehörte auch der

Die Original-Guillotine, die während der französischen Revolution in Dijon in Gebrauch war, und die 1927 öffentlich versteigert wurde. Die Köpfmaschine, mit der über 5000 Adelige enthauptet worden waren, erzielte einen Preis von 10 000 Francs.

später berühmt gewordene „Schinderhannes", der 1803 in Mainz die Guillotine besteigen mußte.

In Frankreich blieb die Guillotine weiterhin im Dienst der Strafjustiz. Selbst die Bourbonen hielten, nachdem sie 1815 wieder zur Regierung gelangt waren, an dieser Erfindung der Moderne fest, obwohl der neuen Köpfmaschine während der Revolution auch etliche Mitglieder der königlichen Familie zum Opfer gefallen waren. Nicht nur der König Ludwig XVI., auch seine Schwester Madame Elisabeth sowie die Königin Marie-Antoinette waren guillotiniert worden. Während des Aufstandes der Commune im Jahr 1870 wurde die Guillotine in Paris als Instrument politischer Unterdrückung öffentlich verbrannt, doch die Zweite Republik setzte sie wieder in ihre alten Rechte.

Die 1854 gebaute bayerische Guillotine war im Gegensatz zu dem aus Holz hergestellten französischen Original aus Eisen konstruiert. Aus diesem Grund benötigte das Beil nur eine Fallhöhe von 1,50 Metern gegenüber den 5 Metern der Originalguillotine. Das Fallbeil der bayerischen Guillotine hatte ein Eigengewicht von 29 Pfund. Zusammen mit den „Messerrammen" wog es 90 Pfund und entwickelte damit ein Fallgewicht von fünf Zentnern. Drei bayerische Scharfrichter-Generationen walteten mit diesem Fallbeil ihres Amtes.

Dr. Guillotin hatte mit seinem Fallbeil noch eine weitere, den Ablauf der Hinrichtung wesentlich beeinflussende Veränderung gefordert: Hinrichtungen sollten, und das war auch der Wunsch zahlreicher französischer Aufklärer, in Zukunft nicht mehr öffentlich stattfinden und die Schaulust einer sensationsgierigen Menschenmenge befriedigen. Der Ort der Vollstreckung sollte nicht mehr inmitten der Stadt, sondern außerhalb liegen, abgegrenzt durch einen Palisadenzaun und abgeschirmt von Soldaten. Der Delinquent sollte allein sein mit Beichtvater und Scharfrichter, der – nach erteilter Absolution auf ein Zeichen des Beichtvaters – das Fallbeil auslöst und damit die Hinrichtung ohne direkten Kontakt zum Körper des Verurteilten vollzieht.

Dies blieb jedoch ein frommer Wunsch. In den Wirren der Französischen Revolution gelangte die sanfte Todesmaschine des Dr. Guillotin nur in pervertierter Form zur Anwendung. Der Tod

Die Hinrichtung des französischen Königs Ludwig XVI. in Paris am 21. Januar 1793.

durch das Fallbeil sorgte, ganz im Stil der früheren Hinrichtungen, regelmäßig für ein blutiges Schauspiel, mit dem die Schreckensherrschaft die Öffentlichkeit einzuschüchtern und gleichzeitig, je nach Bedarf, auch immer wieder aufzustacheln verstand. König Ludwig XVI. – ein begeisterter Bastler und Schlosser, der 1792 noch eine technische Verbesserung der Guillotine angeregt hatte, nicht ahnend, daß er ein halbes Jahr später selbst den Nutzen seiner Idee zu spüren bekommen sollte – wurde nach seiner Hinrichtung am 21. Januar 1793 zum Objekt eines blutrünstigen Voyeurismus: Der Scharfrichter hob das abgeschlagene Haupt des Königs triumphierend in die Höhe, um es dem Volke zu zeigen. Diesen Brauch wiederholte man seitdem bei allen prominenteren Opfern der Revolution – auch bei Danton und Robespierre, die den Tod des Königs im Konvent durchgesetzt hatten.
Dr. Guillotins Wunsch, daß die Hinrichtungen nicht mehr öffentlich, sondern nur noch vor einem kleinen Kreis eigens zugelassener Personen stattfänden, ging in Frankreich erst 1929 in Erfüllung. Auch in den Ländern des Deutschen Reiches hielt man noch fast das ganze 19. Jahrhundert an der Öffentlichkeit der Hinrichtungen und der damit verbundenen Zurschaustellung des Verurteilten fest. Einerseits glaubte man an eine abschreckende Wirkung, wenn die Todesstrafe in aller Öffentlichkeit vollzogen werde, andererseits übten die Hinrichtungen auf viele Menschen weiterhin eine fast magische Anziehungskraft aus.
Schließlich aber sah sich der bayerische Justizminister Dr. Freiherr von Leonrod am 13. Juni 1898 veranlaßt, die Staatsanwaltschaften anzuhalten, nur noch solchen Personen die Anwesenheit bei einer Hinrichtung zu gestatten, die ein zweifellos „ernstes Interesse“ an ihr bekunden konnten.
Aufgrund der vorliegenden Protokolle hatte das Ministerium festgestellt, daß bei einer Hinrichtung in München 177 Personen als anwesend aufgeführt waren, darunter 35 Offiziere, Militärärzte, Unteroffiziere; 30 im Staats- und öffentlichen Dienste stehende Personen, wie Pfarrer, Lehrer, Amtsrichter, Sekretäre, Geometer; 10 Ärzte, Chirurgen, Lazarettgehilfen; 5 Redakteure; 15 Rechtsanwälte und Rechtspraktikanten; 21 zur Dienstleistung einberufene Geschworene; 61 Gewerbetreibende.

Mit Recht kritisierte der Minister, daß eine so erhebliche Anzahl von Zuschauern mit dem § 486 der Strafprozeßordnung, nach der die Vollstreckung der Todesstrafe in einem geschlossenen Raume zu erfolgen hatte, in Widerspruch stehe. Die Staatsanwälte wurden von ihm angewiesen, das Ansuchen zur Teilnahme an einer Hinrichtung „einer jeden Person mit genauer Strenge zu prüfen und es nur dann zu berücksichtigen, wenn bestimmte Tatsachen zweifellos lassen, daß dem Ansuchenden ein ernstes Interesse zur Seite steht."

Das ministerielle Schreiben schloß mit der Weisung, Anträge auf Zulassung zu einer Hinrichtung dann zurückzuweisen, wenn diese nur den Zweck verfolgten, Neugier zu befriedigen. Ein Kanzleiadjunkt bei einer Staatsanwaltschaft soll jedoch an den Rand der Ministerialweisung geschrieben haben: „Nicht einmal mehr dieses billige Volksschauspiel wird den sensationslüsternen Gaffern gegönnt, wo diese sich doch so sehr daran ergötzen können, wenn jemand geköpft wird."

Was schließlich ein „ernstes Interesse" bedeutete, war nicht näher erklärt und konnte daher bis zu einem gewissen Grad vom jeweiligen Staatsanwalt relativ frei ausgelegt werden. Tatsache ist jedoch, daß die Öffentlichkeit bei den Hinrichtungen in der Folgezeit zunehmend eingeschränkt wurde. Dennoch war es bei einer 1925 in Landshut erfolgten Hinrichtung acht Personen gelungen, Eintrittskarten für die Enthauptung eines zum Tode verurteilten Raubmörders zu erhalten. Erst mit den im Dritten Reich erlassenen neuen Richtlinien für Scharfrichter wurde die Öffentlichkeit gänzlich ausgeschlossen.

Mit der Einführung der Guillotine in Bayern im Jahr 1854 wurde auch ein neuer Scharfrichter bestellt. Gemeinsamer Grund für beide Maßnahmen war, daß Lorenz Schellerer bei seiner letzten Hinrichtung mit dem Handschwert mehrmals danebengeschlagen hatte. Es stellte sich heraus, daß er an einem schweren Nierenleiden erkrankt war. Sein Nachfolger wurde der Weinwirt Joseph Kißlinger, der ebenfalls mit den Reichharts verwandt war. Drei Monate nach seiner Ernennung enthauptete er in München drei zum Tode Verurteilte mit der neuen Guillotine: Lambert Denkl und Marie Aschmeier, die gemeinsam den Ehemann der Frau ermordet hatten, sowie den Soldaten Margreiter, der einen Bauern getötet hatte.

Gegen Ende des 19. Jahrhunderts gelangte das Amt des Scharfrichters endgültig in die Familie Reichhart. Franz Xaver Reichhart, der Onkel von Johann Reichhart, 1851 in Mühltal in der Oberpfalz geboren und mit Lorenz Schellerer verschwägert, war bereits 1882 zum ersten Gehilfen des Scharfrichters Kißlinger bestellt worden. Am 1. Mai 1894 wurde er zu dessen Nachfolger und gleichzeitig als etatmäßiger Beamter im unteren Justizdienst zum Gefängnisaufseher ernannt. Er war der einzige Scharfrichter, der je einen Beamtenrang im Justizdienst innegehabt hat.

Schon einen Tag nach seiner Ernennung vollstreckte Franz Xaver Reichhart am 2. Mai 1894 auf der Amberger Fronfeste an dem Söldner Anton Spichtinger seine erste Hinrichtung. Er führte ein Tagebuch, in dem er fein säuberlich jede Vollstreckung und das Verbrechen des Delinquenten vermerkte. Über seine erste Hinrichtung mit dem Fallbeil schrieb er: „Spichtinger überfiel seinen Vater meuchlings, schlug ihn mit dem Handbeil tot und vergrub ihn im Keller. Auf dem Platz versteckte der Unmensch Kartoffeln, welche er nach und nach als Speise verzehrte. Als die Sache ruchbar wurde, nahm er die Leiche aus dem Versteck und begrub sie neuerdings in einer anderen Ecke des Kellers. Der Vatermörder starb um

Franz Xaver Reichhart (rechts mit Zylinder), der Onkel des letzten bayerischen Scharfrichters, vollzog am 2. Mai 1894 auf der Amberger Fronfeste das Todesurteil an Anton Spichtinger mit der Guillotine.

5 Uhr früh in Gegenwart der Gerichtskommission, der Urkundspersonen als Zeugen und sonstiger speziell Eingeladener, etwa 40 Personen, anscheinend reumütig im Beisein des Geistlichen."

Am 5. Mai 1898 mußte in Augsburg ein gewisser Jakob Wegele die Guillotine besteigen. Er hatte auf dem Weg zu einer Tanzveranstaltung an einem Mädchen einen schrecklichen Lustmord begangen. Das Taschentuch, das er anschließend seiner Geliebten beim Tanzen schenkte, hatte er vorher der Ermordeten abgenommen. Es war blutbefleckt. Nachdem die Geliebte die Blutflecken bemerkt hatte, schöpfte sie Verdacht. Wegele wurde überführt und zum Tod durch das Fallbeil verurteilt.

Über die Hinrichtung Wegeles notierte Franz Xaver Reichhart in seinem Tagebuch: „Bei seinem letzten Gang sowie bei der nochmaligen Verlesung des Urteils zitterte er fürchterlich und konnte kaum mehr aufrecht gehen. Von Beten war keine Rede mehr und mußte er auf dem letzten Gang stark unterstützt werden von den Gehilfen. Nach dreieinhalb Minuten war der Hinrichtungsakt beendet."

Franz Xaver Reichhart, der im Lauf seiner Dienstzeit ingesamt 58 Menschen köpfte, blieb trotz seines blutigen Amtes ein frommer, gläubiger Christ. Für jeden Hingerichteten stiftete er eine Kerze und ließ auf eigene Kosten zur Rettung des Seelenheils der von ihm geköpften Verbrecher eine Totenmesse lesen.

Auch der über Bayerns Grenzen hinaus bekannt gewordene Räuber Kneißl starb 1902 unter dem Fallbeil des Scharfrichters Franz Xaver Reichhart. Matthias Kneißl, am 12. Mai 1875 in Unterweikertshofen im Landkreis Dachau geboren, lebte ab seinem elften Lebensjahr in der Schachermühle, einem Verbrechernest, das neben ihm auch anderes lichtscheues Gesindel beherbergte. Schon frühzeitig fing er an zu stehlen, zu rauben und zu wildern. Bekannt als der „Schachamuillna Hias", hat er in der Nacht zum 1. Dezember 1900 im Weiler Irchenbrunn den Gendarmerie-Stationskommandanten von Altomünster, Brandmaier, mit einem Schuß aus einer Drillingsbüchse getötet und dem Gendarmen Scheidler einen Fuß abgeschossen, als diese versuchten, ihn festzunehmen. Der Gendarm Scheidler ist später an den Folgen der Schußverletzung gestorben.

Im März 1901 wurde Kneißl im Weiler Geisenhofen, Landkreis Fürstenfeldbruck, gestellt. Ein aus mehr als 100 Mann bestehendes Polizeikommando hatte ihn aufgespürt. Der Hias leistete Gegenwehr. Er suchte den Tod durch eine Kugel der Gendarmen, weil ihm bewußt war, daß er bei einer Festnahme ohnehin zum Tode verurteilt und hingerichtet würde.
Kneißls Vorhaben mißlang. Er wurde beim Schußwechsel lediglich schwer verwundet, dann in einem Krankenhaus gesundgepflegt und schließlich vor Gericht gestellt. Am 19. November 1901 wegen Mordes zum Tode verurteilt, wurde er am 21. Februar 1902 mit der Guillotine in Augsburg enthauptet. Als ihm die Gefängnisleitung an einem Montag bekanntgab, daß seine Hinrichtung am nächsten Freitag erfolgen werde, soll er gesagt haben: „Sakradi, dö Woch' fangt scho guat an."
An den Biertischen und überall, wo sich mehrere Leute zusammenfanden, wurde gewitzelt: „An Kneißl hams zerscht zuag'richt, dann hams'n herg'richt und nachat hig'richt." Aufgrund der Bestimmungen des Strafgesetzbuches konnte die Todesstrafe nur an einer gesunden Person vollzogen werden. Paradoxerweise mußte daher ein zum Tode verurteilter Kranker oder Verletzter, der „zuag'richt" (zugerichtet) war, erst wieder gesundgepflegt werden, auf bayerisch „herg'richt" (hergerichtet), ehe er hingerichtet werden konnte.
Am 6. März 1903 richtete Franz Xaver Reichhart um 7 Uhr morgens im Hofraum des Amberger Landgerichtsgefängnisses den 40jährigen Taglöhner Josef Rupprecht mit dem Fallbeil. Der als gewalttätig bekannte und vielfach vorbestrafte Rupprecht hatte in Schwend bei Sulzbach als Steineklopfer gearbeitet und bei einem Streit den Maurer Johann Kröner mit einem Pflasterstein erschlagen. Bei der Verhandlung des Schwurgerichts in Amberg zeigte er keinerlei Reue. Das Todesurteil quittierte er mit den Worten: „Des is mir egal. Ihr könnt's mi allesamt miteinander."
Zu den Todeskandidaten von Franz Xaver Reichhart zählten auch der Sattlermeister Carl Bradl und sein Sohn Max aus Viechtach. Die beiden hatten 1902 aus Habgier und Rachsucht einen 22jährigen jüdischen Reisevertreter in ihrer Sattlerwerkstatt umgebracht, beraubt und den Leichnam anschließend in den Hochwasser

führenden Fluß Regen geworfen. Das Verbrechen hatte in der Bevölkerung großes Aufsehen erregt. Die Mörder wurden jedoch entdeckt und zum Tod verurteilt. Am 15. Mai 1903 wurden sie von Franz Xaver Reichhart im Gefängnishof von Straubing mit der Guillotine hingerichtet.

Als nach dem Ende des 1. Weltkriegs in Bayern die Monarchie abgeschafft wurde und sich nach der Münchner Revolution im November 1918 eine demokratische Regierung konstituierte, beschloß der Landtag des Freistaates, Volksgerichte einzurichten. Nach Artikel 22 des Gesetzes über die Einrichtung von Volksgerichten vom 12. Juli 1919 unterlagen Verbrechen des Mordes der Aburteilung durch diese Gerichte. Die Richter urteilten nach dem Buchstaben des Gesetzes. Gegen ihre Urteile gab es keine Rechtsmittel. Zulässig war lediglich der Gnadenweg. Verhängte Todesurteile wurden durch Erschießen vollzogen. Gemäß §54 der Bekanntmachung des Justizministeriums zum Gesetz vom 12. Juli 1919 wurde die Vollstreckung von Todesurteilen der Volksgerichte den Militärbehörden auferlegt. Hatte ein zum Tode Verurteilter ein Gnadengesuch an den Bayerischen Ministerrat gerichtet und war diesem nicht stattgegeben worden, wurde er spätestens 24 Stunden nach Ablehnung des Gesuches erschossen.

Offenbar waren damals Kommandostellen der Bayerischen Landespolizei Militärbehörden gleichgeschaltet, denn die Staatsanwaltschaften, die für die Hinrichtungen verantwortlich waren, gingen mehr und mehr dazu über, Urteilsvollstreckungen von der Landespolizei vornehmen zu lassen.

So vollstreckte ein Erschießungskommando der Bayerischen Landespolizei unter Führung eines Polizeioberleutnants am 19. März 1920 in Landshut das Todesurteil an dem 27jährigen Georg Haider. Der Verurteilte büßte für einen heimtückischen Mord, den er zwischen Niederaichbach und Oberaichbach in der Nähe von Landshut an dem Hausmeister Josef Brunner aus Eifersucht begangen hatte.

Erschossen wurde auch der wegen Mordes an seiner Ehefrau zum Tod verurteilte Josef Hoffmann aus Kelheim bei Regensburg. Er hatte das kleine Vermögen seiner Ehefrau mit anderen Frauen durchgebracht, und als sie ihm deshalb schwere Vorwürfe machte,

hatte er sie in einer Kiesgrube erdrosselt. Das Todesurteil wurde am 10. März 1921 im Hof des Landgerichtsgefängnisses Regensburg durch ein Erschießungskommando vollzogen.
Das Urteil „Tod durch Erschießen“ wurde noch am 9. Mai 1921 an dem wegen Mordes verurteilten Franz Gerauer im Hof des Landgerichtsgefängnisses Passau und am 28. August 1922 in Landshut an Ludwig Eitele, dem 23jährigen Sohn eines Bürstenfabrikanten, vollzogen. Eitele hatte in Landshut einen grausamen Doppelmord begangen.

1924 traten an die Stelle der Volksgerichte wieder die traditionellen Schwurgerichte. Als der Scharfrichter Franz Xaver Reichhart in sein gewohntes Amt zurückkehren sollte, stellte man fest, daß er mit 73 Jahren zu alt war, um weiterhin die Todesurteile mit der Guillotine zu vollstrecken. Die Justizbehörde erwog daher zunächst, Reichharts Stelle mit einem Gefängnisbeamten zu besetzen. Dieser Plan fand jedoch in der Justizbeamtenschaft keine Gegenliebe. Schließlich schlug Reichhart dem Ministerium vor, einen Verwandten von ihm zum Scharfrichter zu bestellen. Er dachte zunächst daran, seinen Neffen Michael für das Amt zu gewinnen. Dieser bewirtschaftete das elterliche Anwesen in Wichenbach und war nicht daran interessiert, in die Fußstapfen seines Onkels zu treten. Er lehnte dessen Ansinnen ab und sagte: „Ich kann keiner Fliege was antun. Und ausgerechnet ich soll Menschen den Kopf abhaun? Na, na. Such dir dafür, wen du magst, mich aber laß damit in Ruh.“
Die Weigerung des Neffen hatte Franz Xaver Reichhart zwar betroffen gemacht, aber weil er sich dem Justizministerium gegenüber im Wort sah, einen Verwandten als seinen Nachfolger beizubringen, und weil ihm andererseits sehr daran gelegen war, daß das Scharfrichteramt in der Familie blieb, wandte er sich jetzt an seinen Neffen Johann, den jüngeren Bruder von Michael.
Der damals 31jährige Johann Reichhart, der schon bald das Scharfrichteramt in Bayern übernehmen sollte, war gelernter Metzger. Nach Beendigung der Lehre war er dem damals üblichen Brauch der Handwerksgesellen gefolgt und auf die „Walz“ gegangen. Sie führte ihn hinauf bis in den hohen Norden Deutschlands, wo er bis zu seinem 21. Lebensjahr in verschiedenen Großstädten als „Schlachtergeselle“ arbeitete.
Bei Ausbruch des 1. Weltkrieges im August 1914 erlebte er in Hamburg, mit welcher Begeisterung junge Hanseaten zu den Rekrutierungsbüros eilten und sich als Kriegsfreiwillige anmustern ließen. Reichhart schloß sich ihnen an und zog mit in den Krieg. In

Johann Reichhart, der letzte bayerische Scharfrichter, gefiel sich im schwarzen Gehrock und mit Zylinder.

seiner Einheit dienten mehrere bayerische Wandergesellen, die sich ebenfalls freiwillig gemeldet hatten. Mit bayerischer Mentalität und stoischer Bierruhe ertrugen sie die harte soldatische Zucht und ernteten dafür von den norddeutschen Kameraden höchste Anerkennung.

Ohne größere Schrammen und gesundheitliche Schäden kehrte Johann Reichhart 1918 aus dem Krieg heim. Er war zwar einmal bei Verdun im Schützengraben verschüttet worden, hatte aber keine nachwirkenden Verletzungen erlitten. Nach seiner Rückkehr aus dem Feld arbeitete er eineinhalb Jahre in einer Lokomotivfabrik und anschließend nochmals als Metzger. 1921 heiratete er, führte aber weiterhin ein ziemlich unstetes Leben, wobei er sich einmal als Wirt versuchte und zwei Jahre lang eine Gastwirtschaft führte. Doch auch dieses Geschäft entsprach auf Dauer nicht seinen Erwartungen. Er sattelte abermals um und begann in Neubiberg bei München ein Lohnfuhrwerksunternehmen, das aber ebenfalls nicht den erhofften Gewinn abwarf. In dieser mißlichen wirtschaftlichen Situation traf das Angebot des Onkels ein. Es spricht für Johann Reichhart, daß er trotzdem relativ lange zögerte, das Amt des bayerischen Scharfrichters anzunehmen. Was mag diesen unsteten jungen Familienvater, der auf den Fotos aus dieser Zeit eher etwas dandyhaft aussieht und in Neubiberg im ersten Stock der Bahnhofs-Restauration mit seiner Frau und zwei Kindern ein ziemlich kümmerliches Leben führte, schließlich bewogen haben, dem Drängen des Onkels nachzugeben? Die Aussicht auf besondere finanzielle Vorteile kann es nicht gewesen sein.

Es war sicherlich auch nicht nur das Gefühl der Verpflichtung gegenüber dem Onkel, der bei ihm die Vaterstelle vertreten und ihm öfter finanziell ausgeholfen hatte. Vermutlich hat er sich Hoffnungen gemacht, als Scharfrichter, ähnlich wie der Onkel, eine Festanstellung im bayerischen Staatsdienst zu erhalten. Mag sein, daß die Staatsanwaltschaft, die ihn jetzt ebenfalls zu dem Amt drängte, solche Hoffnungen erweckt hatte. Die Zeiten waren schwer. Es herrschte eine anhaltende Wirtschaftskrise, in deren Gefolge Inflation und Arbeitslosigkeit breite Bevölkerungsschichten an den Rand der Existenz trieben.

Letztlich ausschlaggebend aber dürfte bei Johann Reichhart eine gehörige Portion Eitelkeit gewesen sein, verbunden mit dem seltsamen Reiz, den dieses im Grunde furchtbare Amt seit Jahrhunderten auf die Menschen ausübte: die Macht, einen Menschen vom Leben zum Tode zu befördern. So schwer Reichhart später an seinem blutigen Beruf trug, so zeigt doch seine weitere Biographie, daß er sich schon bald damit brüsten wird, der schnellste Scharfrichter Bayerns zu sein.
Seine im Bayerischen Hauptstaatsarchiv aufbewahrte Personalakte gibt über seine Motive keine Auskunft. Wir wissen nur, daß er sich am 23. März 1924 bei seiner Wohngemeinde ein Leumundszeugnis besorgte und dieses noch am selben Tag mit einem Bewerbungsschreiben beim Bayerischen Staatsministerium der Justiz in München einreichte. Die Bewerbung zum Scharfrichter ist wahrhaft eines der eigenartigsten Dokumente unter den Aktenstücken, die heute in Bayerischen Archiven ruhen:

Betreff: Bewerbung um die Stelle des Nachrichters/Scharfrichters

Am 1. 4. 24 treten Volksgerichte außer Kraft. Infolgedessen werden die Hinrichtungen in Bayern wieder durch Enthauptung vollzogen. Nachdem der bisherige Nachrichter pensioniert ist, ist die Stelle für Bayern frei geworden und ich möchte mich für das vormerken lassen.
Am 29. 4. 1893 bin ich in Wichenbach, Bezirk Regensburg, als Sohn der Wasenmeisterseheleute Michl und Maria Reichhart geboren. Ich besuchte die Volksschule, erlernte die Metzgerei und war bis zum 21. Lebensjahr in verschiedenen norddeutschen Städten als Metzgergeselle tätig. 1914 rückte ich freiwillig zum Militär ein und machte den Feldzug bei der Infanteriemaschinengewehrkompanie 76 Hamburg mit. Nach dem Kriege arbeitete ich 1½ Jahre bei der Lokomotivfabrik Kraus und als Metzger. Geheiratet habe ich 1921. Bis zum Jahre 1923 betrieb ich das Wirtsgewerbe, jetzt habe ich ein Lohnfuhrwerk in Neubiberg.
Vorbestraft bin ich weder militärisch noch in Zivil. Auch kein Verwandter von mir ist vorbestraft. Leumundszeugnisse können überall an meinen Aufenthaltsorten erhalten werden. Meine Familie besteht aus Frau und 2 Kindern, 1½ Jahr und 6 Monate.

Die Staatsanwaltschaft, die auf dieses Schreiben offenbar bereits sehnsüchtig gewartet hatte, nahm die Bewerbung prompt an. Andere Kandidaten standen nicht zur Verfügung. Außerdem lag die Empfehlung des Onkels vor, der zudem versprochen hatte, den Neffen in seinem künftigen Handwerk gründlich einzuweisen. Bayern hatte wieder einen Scharfrichter.
Der Fuhrwerk-Unternehmer Johann Reichhart aus Neubiberg schloß am 27. März 1924 einen Vertrag mit dem Ersten Staatsanwalt des Landgerichtsbezirkes München I. Und auch der Arbeitsvertrag des Scharfrichters Reichhart dürfte, ähnlich wie sein Bewerbungsschreiben, eines der merkwürdigsten Dokumente dieser Zeit sein. Mit bürokatischer Gründlichkeit war Wort für Wort aufgelistet, was der künftige Scharfrichter des Freistaates zu tun und zu lassen hatte:

1. *Ab 1.4.1924 übernimmt Reichhart die Ausführung sämtlicher in dem Freistaat Bayern zur Vollstreckung kommenden Todesurteile, soweit Vollstreckung durch Enthauptung mit dem Fallbeil erfolgt.*
2. *Reichhart ist verpflichtet, zum Zweck der Vollstreckung von Todesurteilen auf Anfordern des Ersten Staatsanwalts bei dem Landgericht München I sich jederzeit zur Verfügung zu stellen. Eine Entfernung von seinem Wohnort über 24 Stunden hinaus ist nur mit Zustimmung des Ersten Staatsanwalts bei dem Landgericht München I zulässig. Reichhart verpflichtet sich, über seine Wahrnehmungen bei Hinrichtungen strenge Verschwiegenheit zu bewahren.*
3. *Als Vergütung erhält Reichhart für jede Hinrichtung 150 Goldmark, ferner bei Vollstreckung von Todesurteilen außerhalb Münchens eine Aufwandsentschädigung einschließlich Übernachtungsgeld von täglich 10 Mark, Ersatz der Kosten einer Eisenbahnfahrkarte 3. Klasse Personenzug von München zum Hinrichtungsort und zurück. Bei Hinrichtungen in der Pfalz kann die Benutzung eines Schnellzuges 3. Klasse vom Staatsanwalt München I genehmigt werden.*
4. *Auslagen für den Transport der Fallschwertmaschine und Messer vom Verwahrungsort in München zum Hinrichtungsort und*

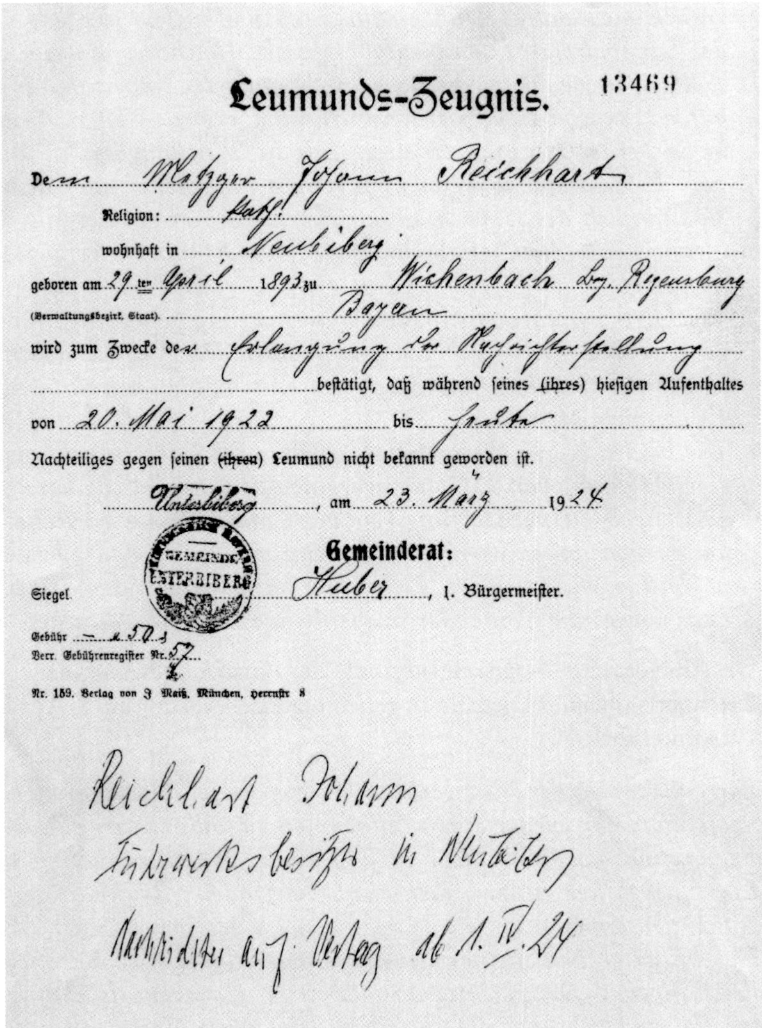

Leumunds-Zeugnis. 13469

Dem Metzger Johann Reichhart

Religion: kath.

wohnhaft in Neubiberg

geboren am 29ten April 1893 zu Wichenbach Bz. Regensburg

(Verwaltungsbezirk, Staat). Bayern

wird zum Zwecke der Erlangung der Scharfrichterstellung

bestätigt, daß während seines (~~ihres~~) hiesigen Aufenthaltes

von 20. Mai 1922 bis heute

Nachteiliges gegen seinen (~~ihren~~) Leumund nicht bekannt geworden ist.

Unterbiberg, am 23. März 1924

Gemeinderat:

Siegel. Gemeinde Unterbiberg

Huber, I. Bürgermeister.

Gebühr –.50 ℳ

Verz. Gebührenregister Nr. 57

Nr. 159. Verlag von J. Maiß, München, Herrnstr. 8

Reichhart Johann

Fuhrwerksbesitzer in Neubiberg

Nachrichter auf Vertrag ab 1. IV. 24

Das Leumunds-Zeugnis von Johann Reichhart, ausgestellt am 23. März 1924, war ein wichtiger Bestandteil seiner Bewerbung als Scharfrichter.

zurück, notwendige Straßenbahnkosten in München, die Kosten der Eisenbahnfahrt von Neubiberg nach München und zurück 4. Klasse sowie die für die Benachrichtigung der Nachrichtergehilfen (zunächst zwei) werden nach Anfall ersetzt. Weitere Auslagen werden nur insoweit ersetzt, als die Genehmigung hierzu vom I. Staatsanwalt beim Landgericht München I oder dem Staatsanwalt des Hinrichtungsortes erteilt ist. Hierunter fallen beispielsweise Zeitüberschreitungen, Übernachtungen, Verzögerungen etc.

5. *Reichhart verpflichtet sich, zur Unterstützung bei Hinrichtungen zwei Nachrichtergehilfen anzunehmen. Die Wahl derselben bedarf der Genehmigung durch den Ersten Staatsanwalt beim Landgericht München I.*
6. *Die beiden Nachrichtergehilfen erhalten für jede Hinrichtung eine Vergütung von 60 Goldmark, eine Aufwandsentschädigung einschließlich Übernachtungsgeld von 6 Mark, Ersatz der Reisekosten von ihrem Wohnort zum Hinrichtungsort und zurück in gleicher Weise wie der Nachrichter selbst, endlich den Ersatz etwa notwendig werdender Straßenbahnauslagen in München.*

Das Bayerische Staatsministerium der Justiz, gewissermaßen Reichharts oberster Dienstherr, genehmigte den Vertrag am 8. April 1924 und führte aus:

Die Aufhebung der Volksgerichte hat zur Folge, daß die Todesstrafe nunmehr wieder durch Enthaupten zu vollstrecken ist. Die Bekanntmachung vom 24. 11. 1879 ist wieder in Geltung getreten. Ein Nachrichter ist zur Zeit nicht vorhanden (Reichhart seit 1. 1. 24 pensioniert).
Der bisherige Nachrichter Reichhart war etatmäßiger Beamter der Gruppe V. Die Nachrichterstelle ist im Haushalt als künftig wegfallend bezeichnet, die Anstellung eines neuen Nachrichters als Beamter ist deshalb nicht möglich.
Die Vollstreckung von Todesurteilen ist häufiger als in der Vorkriegszeit, es läßt sich deshalb nicht vermeiden, im Weg des Privatdienstvertrages einen neuen Nachrichter aufzunehmen.
Gegen die Person des Reichhart, der ein Neffe des Nachrichters ist, bestehen keine Bedenken. Der Vertrag ist nicht zu bean-

standen, er entspricht der Bestimmung der Bekanntmachung vom 24. XI. 1879.
Die Entscheidung – 150 Mark für eine Hinrichtung für den Nachrichter, 60 Mark für die Gehilfen – ist angemessen; die bewilligten Sätze der Aufwandsentschädigung und Reisekosten sind nicht zu beanstanden. Der Nachrichter untersteht der Dienstaufsicht des Staatsanwalts für den Landgerichtsbezirk München I.

Eines jedoch hatten die sonst so aufmerksamen Justizbeamten geflissentlich übersehen: Der Mann, dem sie im Auftrag der Staatsgewalt das Scharfrichteramt übertragen hatten, war in Wirklichkeit ein „Vorbestrafter". Nach den Dienstregeln der Justizbehörde hätte er also gar nicht in dieses Amt einrücken dürfen. Reichhart war wegen Weinsteuerhinterziehung und Nichtanmeldung eines Gewerbebetriebes am 18. Juni 1923 in München mit einer Geldstrafe von 6840 Mark belegt worden. Weil aber diese Geldstrafe während der Inflation ausgesprochen worden war, ließ sie jetzt das Justizministerium unter den Tisch fallen. Um die Anstellung Reichharts als Scharfrichter nicht scheitern zu lassen, drückten die verantwortlichen Justizbeamten ein Auge zu.
Johann Reichhart war nun vertraglich eingebunden in das Ordnungssystem des öffentlichen Dienstes, das ihm bestimmte Pflichten auferlegte und wenig Freiraum für eigene Entscheidungen ließ. Obwohl ohne Festanstellung im öffentlichen Dienst, hatte er den Eid auf die Reichs- und Staatsverfassung abzulegen. Auch darüber wurde ein Protokoll aufgenommen.

München, am 23. IV. 1924: Erscheint Herr Reichhart Johann, Fuhrwerksbesitzer in Neubiberg. Dem Erschienenen wurde bekanntgegeben, daß der zwischen dem I. Staatsanwalt für den Landgerichtsbezirk München I und ihm am 27. 3. 24 abgeschlossene Vertrag über die Wahrnehmung des Nachrichterdienstes durch Entschließung des Staatsministeriums der Justiz vom 8. 4. 1924 Nr. 13469 genehmigt wurde.
Nach Belehrung über die Bedeutung des Eides leistete hierauf Herr Reichhart durch Nachsprechen unter Aufheben der rechten Hand nachstehenden Eid: „Ich schwöre Treue der Verfassung des Freistaates Bayern und der Reichsverfassung."

Ferner wurde Herr Reichhart auf die Innehaltung der ihm obliegenden Pflichten unter Hinweis auf die Verordnung gegen Bestechung und Geheimnisverrat nichtbeamteter Personen vom 3. Mai 1917 (RGBl. S. 393) in der Fassung der VO. vom 12. 2. 1920 (RGBl. S. 230) durch Handschlag verpflichtet.
Ganz besonders wurde Herr Reichhart darüber belehrt, daß mit Gefängnis und Geldstrafe oder mit einer dieser beiden Strafen bestraft wird, wenn er für eine Handlung, die zu seinen dienstlichen Obliegenheiten gehört, oder für eine Handlung, die eine Verletzung der ihm übertragenen Obliegenheiten enthält, Geschenke oder andere Vorteile annimmt, fordert oder sich versprechen läßt, oder wenn er die infolge seiner Tätigkeit erlangten Kenntnisse über Einrichtungen oder Maßnahmen der Behörde dazu mißbraucht, sich oder einem anderen einen Vorteil zu verschaffen oder einem anderen Schaden zuzufügen.

Reichhart war verpflichtet worden, sich um seine Gehilfen selber zu sorgen. Voraussetzung für deren ministerielle „Absegnung" war: keine Vorstrafen, kein anhängiges Strafverfahren und Ehrbarkeit der Männer.
Reichhart hatte sich in seinem Bekanntenkreis umgesehen. Zwei kräftige „Mannsbilder" schienen ihm für die Aufgabe geeignet, und er empfahl sie dem Justizministerium zur Einstellung. Die beiden bekamen Arbeitsverträge auf der Basis, nur nach Arbeitsanfall bezahlt zu werden. Da die „Kopfprämien" nicht ausreichten, damit den Lebensunterhalt für eine Familie zu bestreiten, gingen sie weiterhin einer Lohnarbeit nach.

DIE ERSTEN HINRICHTUNGEN

Johann Reichhart war noch nicht ganze vier Monate als Scharfrichter im Amt, als er am 4. Juli 1924 im Hof des Landgerichtsgefängnisses in Landshut seine erste Hinrichtung vollziehen sollte. Sein Onkel hatte ihm zwar alle nötigen Handgriffe gründlich beigebracht, und Reichhart selbst hatte die vergangenen Monate genutzt, um mehrmals mit der Guillotine zu „üben", zuerst an Puppen und dann einmal an einer Leiche, die ihm von der Gerichtsmedizin zur Verfügung gestellt worden war. Nun aber sollte er zum erstenmal einen lebenden Menschen enthaupten.

Die Strafkammer beim Landgericht in Landshut hatte am 25. März 1924 den 34 Jahre alten Gütler Rupert Fischer aus Gröben, Bezirksamt Dingolfing, und den 19jährigen Anstreicher Andreas Hutterer aus Landshut wegen gemeinschaftlich begangenen Mordes an Fischers Ehefrau zum Tode verurteilt.

Am 13. Mai 1924 folgten weitere Todesurteile gegen Fischer und den 20jährigen österreichischen Korbmacher Johann Ferdinand Steingruber wegen eines gemeinschaftlich begangenen Mordes an einem mißliebigen Kumpanen.

Die von den Verurteilten eingelegten Revisionen hatte das zuständige Reichsgericht in Leipzig als unbegründet zurückgewiesen. Der Ministerrat des Freistaates Bayern versagte den Gesuchstellern eine Begnadigung.

Eine Hinrichtung erfolgte in Bayern wie auch im ganzen übrigen Reichsgebiet nach strengen Regeln. Die jeweils für den Vollzug der Todesstrafe zuständige Staatsanwaltschaft bestimmte Tag, Uhrzeit und Ort der Vollstreckung. Sie verständigte den Scharfrichter, der dann die notwendigen Vorbereitungsmaßnahmen zu treffen hatte.

Es gab für den gesamten Freistaat eine Guillotine, die im Strafgefängnis München-Stadelheim eingelagert war und dann im Bedarfsfall per Bahn zu den verschiedenen Einsatzorten transportiert wurde. Vor ihrer Anwendung mußte sie vom Scharfrichter auf ihre Funktions- und Gebrauchsfähigkeit überprüft werden. Diese Überprüfung fand in aller Regel in München-Stadelheim statt. Das Protokoll einer solchen Überprüfung spricht für sich:

In Anwesenheit eines Zeugen wurden die Kiste, welche die Fallschwertmaschine enthält, und die beiden Messerkästen geöffnet. Die Fallschwertmaschine samt Zubehör mit Messern fand sich in Kisten vollständig und unversehrt vor. Hierauf wurde die Fallschwertmaschine an den Block angeschraubt, ein Messer eingesetzt und vom Nachrichter Reichhart eine zweimalige Probe vorgenommen. Die Probe ergab ein vollständig richtiges Funktionieren der Maschine. Sodann wurde die Maschine wieder auseinandergenommen und samt den Messern in die Kiste verpackt. Die Kiste selbst samt den Messerkästen versperrt. Die Schlüssel nahm I. Staatsanwalt Friedrich an sich.

Unterzeichnet war das Protokoll von Johann Reichhart und dem anwesenden Zeugen, der in aller Regel ein Vollzugsbeamter der Strafanstalt war. Mit ihren Unterschriften verbürgten sie sich für die ordnungsgemäße Verwendbarkeit des Geräts.

In den Messerkästen befanden sich immer mehrere Messer zur Auswahl. Scharfrichter Reichhart wählte für eine Hinrichtung jeweils das Messer aus, das ihm im Hinblick auf die körperliche Konstitution des entsprechenden Delinquenten am geeignetsten schien, einen sicheren und schnellen Tod herbeizuführen. Aus diesem Grund verschaffte sich Reichhart vor jeder Hinrichtung mit einem Blick durch den Spion der Gefängniszelle ein Bild vom Todeskandidaten. Er besaß, wie seine Gehilfen später bestätigten, von Anfang an das untrügliche Augenmaß, um jeweils das richtige Messer einzusetzen.

Sollten an einem Tag mehrere Hinrichtungen nacheinander stattfinden, wechselte Reichhart, während seine beiden Gehilfen die Leiche des eben Hingerichteten in den bereitgestellten Sarg legten, jedesmal die Messer aus. Er wollte ganz sicher gehen. Erst später, als in der Zeit des NS-Regimes mitunter zehn bis zwanzig Todesurteile an einem Tag zu vollziehen waren, der Rekord lag bei 32, fehlte Reichhart zum Auswechseln der Messer die erforder-

liche Zeit. Das führte mitunter dazu, daß die Messerschneiden stumpf wurden und nicht mehr im Sinne ihres Erfinders haarscharf den Nacken durchtrennten. Das hatte wiederum zur Folge, daß manchmal an den Messern noch Blutspuren klebten, die Reichharts Gehilfen erst dann entfernen konnten, wenn tatsächlich die letzte Hinrichtung des jeweiligen Tages erfolgt war.
Im allgemeinen errichteten Reichharts Gehilfen in der Nacht vor der Hinrichtung zusammen mit Wachbeamten im Hof des jeweiligen Gerichtsgefängnisses ein hölzernes Podium und installierten darauf die aus München-Stadelheim angelieferte Guillotine. So geschah es auch in jener Nacht vom 23. auf den 24. Juni 1924, der letzten Nacht der beiden zum Tod verurteilten Mörder Rupert Fischer und Andreas Hutterer, im Hof des Landgerichtsgefängnisses zu Landshut.
Reichhart, der bereits am Vortag angereist war und dann in einer Gefängniszelle übernachtet hatte, war doch ein wenig nervös. Nachdem seine beiden Gehilfen die Guillotine aufgebaut hatten, prüfte er nochmals ihre Funktionsfähigkeit. Mit einem sicheren Handgriff löste er den Sperrhebel. Das Fallbeil sauste aus zwei Metern Höhe blitzschnell in die Tiefe. Nach diesem Test mußte einer der Gehilfen das schwere und scharf geschliffene Messer wieder hochziehen und mit dem Sperrhebel sichern. Reichhart war bereit.
Die Vollstreckungs-Ordnung sah vor, daß zum jeweils festgesetzten Zeitpunkt zwei Gefängnisbeamte dem Todeskandidaten Handfesseln anlegten und ihn dann, begleitet vom Gefängnisgeistlichen, aus seiner Zelle zur Richtstätte im Gefängnishof führten. Dort warteten Staatsanwalt, Gerichtsarzt, der protokollführende Justizbeamte sowie der Scharfrichter mit seinen beiden Gehilfen.
Die Fesselung des Delinquenten war obligat und wurde ohne Ausnahme durchgeführt, auch wenn der Verurteilte bat, von der entehrenden Maßnahme Abstand zu nehmen. Nur dem französischen König Ludwig XVI., der am 21. Januar 1793 unter dem Fallbeil starb, war es mit den majestätischen Worten „Einen König bindet man nicht!“ gelungen, die Handfesseln, die ihm die Henkersknechte anlegen wollten, erfolgreich zurückzuweisen. Einen peinlichen Zwischenfall hatte es beispielsweise bei einer Hinrich-

tung in Wien am Ende des 19. Jahrhunderts gegeben: Der noch ungefesselte Delinquent gab, kurz bevor ihm die Schlinge um den Hals gelegt wurde, dem k.u.k. Henker Selinger zum großen Gaudium der Zuschauer eine saftige Ohrfeige.

Reichhart, der die Fesselung mit einem Strick als entehrend und unmenschlich empfand, führte schon bald eine Metallfesselung ein, die als „doppelte Kriminalpatentzange" später allgemein verwendet wurde.

Für die Hinrichtung von Fischer und Hutterer hatte der zuständige Staatsanwalt eine genaue schriftliche Anweisung ausgearbeitet: „Der Zug zum letzten Gang jedes der Verurteilten wird von einem durch den Gefängnisverwalter zu bestimmenden Gefängnisbeamten eröffnet, dann folgen zwei Gendarmeriebeamte, diesen der zu Enthauptende mit den Gehilfen des Nachrichters und schließlich wieder zwei Gendarmeriebeamte."

Der Staatsanwalt hatte bestimmt, daß die Todesstrafe zuerst an Fischer vollzogen werden sollte. Seiner Anweisung entsprechend bewegte sich der Zug mit dem Todeskandidaten von dessen Zelle über die Treppe des südlichen Flügels und durch den Spazierhof in den Arbeitshof bis zur Mitte der Arbeitshalle. Hier verlas der Gerichtsschreiber den entscheidenden Teil des Urteils, wobei er auch die Gründe für die Ablehnung des Gnadengesuchs bekanntgab. Der Gefängnisgeistliche sprach anschließend ein kurzes Gebet. Dann wurden auf ein Zeichen des Staatsanwalts dem Verurteilten durch die beiden Gehilfen die Hände auf den Rücken gefesselt und die Augen verbunden. Er wurde an das senkrecht stehende Kippbrett der Guillotine geführt und dort festgeschnallt, in eine waagrechte Position geschwenkt und genau unter das Fallbeil geschoben. Kaum, daß sich der hölzerne Halsbügel über dem Nacken des Delinquenten geschlossen hatte, löste Reichhart auch schon den Sperrhebel. Das Fallbeil sauste herab. Der vom Körper getrennte Kopf fiel in eine mit Sägespänen gefüllte Blockkiste, in der auch der Blutstrom versickerte.

Bereits nachdem der Geistliche sein Gebet gesprochen hatte, hatte ein weiterer Gefängnisbeamter begonnen, die Sterbeglocke zu läuten. Die Glocke mußte solange geläutet werden, bis das Haupt des Verurteilten vom Rumpf getrennt war. Zwischen dem „Glöckner"

Das Foto des französischen Scharfrichters Anatole Deibler bei einer Hinrichtung im Jahr 1902 zeigt, wie der Verurteilte zum Kippbrett der Guillotine geführt wird.

und der Richtstätte bestand Sichtkontakt. Der Landgerichtsarzt stellte schließlich offiziell den Tod des Verurteilten fest.
Die ganze Hinrichtung hatte höchstens vier Minuten gedauert. Schwer atmend meldete der Scharfrichter dem Staatsanwalt: „Das Urteil ist vollstreckt!" Der Staatsanwalt gratulierte Reichhart zur bestandenen „Feuertaufe" und wünschte ihm weiterhin „viel Erfolg".
Eine halbe Stunde später wurde auch Andreas Hutterer in den Gefängnishof geführt. Das Hinrichtungsritual wiederholte sich: Verlesung des Urteils, Gebet des Geistlichen, Augen verbinden, an das Kippbrett geschnallt und in die Waagrechte gebracht, den Holzbügel geschlossen, Reichhart löst den Sperrhebel.
Wie bei Reichharts ersten Hinrichtungen wurde auch in Zukunft jedesmal ein Protokoll aufgenommen, das den Namen des Verurteilten, den Hinrichtungsort, das Urteil und die Gründe der Ablehnung des Gnadengesuchs, sofern ein solches gestellt worden war, enthielt. Außerdem war der Vollzug der Hinrichtung mit genauer Uhrzeit festgehalten. Dieses Protokoll wurde vom Staatsanwalt, dem Gerichtsarzt und dem Protokollführer unterzeichnet.
Reichhart, der über seine Tätigkeit als Scharfrichter sonst so gut wie nichts Schriftliches hinterließ, hatte über seine erste Hinrichtung angeblich folgendes aufgezeichnet: „Ich glaube, ich habe in dieser Nacht kein Auge zugetan, weil es mir sehr schwer ankam, einem Menschen, was immer er auch getan haben mochte, das Leben nehmen zu müssen. Schließlich gab die Tatsache, daß eine höhere Macht mir im Namen der Staatsautorität diesen Beruf in die Hände gelegt hat, einige Beruhigung, und ich dachte, ich müsse die mir auferlegte Pflicht erfüllen. Die lange Nacht, die für mich sicher nicht weniger lang als für die Delinquenten gewesen sein mag, ging vorbei, der Tag brach an und ich mußte erstmalig dieses seltene Handwerk ausüben."
Es ist allerdings sehr zweifelhaft, ob diese Aufzeichnungen, die Erich Helmensdorfer 1949 in Heft 7 des „Deutschen Kriminalmagazins Pitaval" veröffentlichte, wirklich von Johann Reichhart stammen, oder ob ihm nicht der geübte Journalist Helmensdorfer dabei die Feder geführt hat. Wie die vorhandenen Original-Dokumente eindeutig belegen, war Reichharts schriftlicher Stil mehr als

schlicht und ungelenk, der Gebrauch des Konjunktivs war ihm unbekannt.
Der Vollzug der Todesstrafe an dem ebenfalls vom Landgericht Landshut verurteilten Korbmacher Johann Ferdinand Steingruber verzögerte sich. Steingruber hatte Hinrichtungsaufschub erhalten, weil er angab, österreichischer Staatsbürger zu sein. Da auch beim Sterben alles seine Ordnung brauchte, wurden die Angaben überprüft. Am späteren Vollzug der Todesstrafe änderte sich dadurch nichts. Am 6. August 1924 waltete Johann Reichhart ein drittes Mal seines Amtes. Im Hof des Landgerichtsgefängnisses Landshut enthauptete er auch den Mörder Steingruber. Die Leichen der drei Hingerichteten wurden der Anatomie überlassen.
Eine Hinrichtung, die Johann Reichhart erstmals im Beisein eines größeren Publikums vollziehen mußte, fand am 25. Februar 1925, ebenfalls in Landshut im Landgerichtsgefängnis statt. Insgesamt sahen 27 Personen zu, als er mit der Guillotine den zum Tode verurteilten 37jährigen Johann Dengler enthauptete. Neben dem Staatsanwalt, der generell die Oberaufsicht bei den Hinrichtungen führte, waren zwei Richter und ein Gerichtsschreiber anwesend, der Landgerichtsarzt, ein Geistlicher und ein Gefängnisbeamter sowie zwölf weitere Urkundspersonen, die der Stadtrat von Landshut bestimmt hatte. Schließlich nahmen noch acht freiwillige Zuschauer an der Hinrichtung teil. Sie besaßen Eintrittskarten, die sie beim Gericht beantragt hatten.
Johann Dengler war vom Schwurgericht Landshut wegen eines Verbrechens des Mordes und eines damit rechtlich zusammentreffenden Verbrechens des schweren Raubes zum Tod verurteilt worden. Das Gericht hatte ihn für schuldig befunden, am 29. Juni 1924 in Hettenkirchen (Niederbayern) die 60jährige Bauerswitwe Katharina Heigl ermordet und beraubt zu haben. Dengler selbst leugnete bis zuletzt seine Tat. Doch die Beweise und die Aussagen der Zeugen überführten ihn. Die Bauerswitwe hatte an dem Tag, an dem sie ermordet wurde, eine Bekannte in Freising besucht, die ein Strickwarengeschäft besaß. Als sich die 60jährige Frau dort drei Paar Strümpfe abholte, in die sie sich Stickereien hatte einarbeiten lassen, führte sie nach Aussagen der Geschäftsfrau in ihrer Handtasche eine größere Geldsumme bei sich.

Am nächsten Morgen wurde die Bauerswitwe von dem Knecht Alois, der gerade auf dem Weg zum Wiesenmähen war, tot und schrecklich verstümmelt aufgefunden. Alois war Junggeselle und hatte in seiner Einfalt einmal bemerkt: „Ich weiß nicht, warum mich die Weiber nicht mögen. Aber einmal krieg ich schon eine, dann geht's aber auf." Nachdem das Verbrechen auch Spuren eines Sexualmordes aufwies und der Alois sich zudem bei seinen Aussagen vor der Polizei in Widersprüche verwickelte, wäre er um ein Haar in den Verdacht geraten, selbst der Mörder zu sein. Zu seinem Glück hatte er einen Zeugen aus der Nachbarschaft, der glaubhaft versicherte, den stark angetrunkenen Alois bereits vor der in Frage kommenden Tatzeit vom Wirtshaus nach Hause in seine Schlafkammer gebracht zu haben.

Dafür fahndeten die ermittelnden Polizeibeamten, aufmerksam gemacht durch die Aussagen von Zeugen, nach einem fremden Mann, den sämtliche Zeugen auffallend übereinstimmend beschrieben hatten. Er habe an dem Tag, an dem die Bauerswitwe ermordet worden war, in der Gegend von Hettenkirchen um Geld gebettelt und dabei einen wenig vertrauenserweckenden Eindruck gemacht. Ohne Ausnahme erwähnten alle Zeugen auch einen Rucksack, den der Fremde bei sich gehabt habe.

Der Mann wurde kurz darauf in einer Gaststätte in Attenkichen gestellt, wo er gerade kräftig zechte. Die Gendarmen entdeckten in seinem Gesicht frische Kratzwunden und an seiner Hose und Joppe vertrocknetes Blut. Auch ein Taschenmesser, das sie aus seiner Joppe holten, war blutbefleckt. Der von allen Zeugen beschriebene Rucksack lag neben seinem Stuhl. Er enthielt drei Paar Frauenstrümpfe. Unter den Habseligkeiten des fremden Mannes befand sich auch eine größe Geldsumme, über deren Herkunft er keine plausible Erklärung abgeben konnte. Daraufhin erließ der Ermittlungsrichter Haftbefehl und nahm den Verdächtigen, der schließlich als Johann Dengler aus Wiesenfelden (Bezirksamt Bogen/Niederbayern) identifiziert wurde, in Untersuchungshaft.

Nachdem auch noch die Freisinger Geschäftsfrau die in Denglers Rucksack gefundenen drei Paar Strümpfe an einem besonderen, von ihr angebrachten Merkmal eindeutig als die der Ermordeten erkannte, bestand für das Gericht kein Zweifel mehr an der Schuld

Johann Reichhart (Mitte) mit seinen beiden Gehilfen vor der Guillotine im Hof des Regensburger Landgerichtsgefängnisses im Jahr 1925.

des Tatverdächtigen. Johann Dengler, der wegen Diebstahls, Betrugs, Körperverletzung und räuberischer Erpressung schon mehrfach vorbestraft war, darunter auch sechs Jahre Zuchthaus für ein Notzuchtdelikt verbüßt hatte, wurde am 13. Januar 1925 schuldig gesprochen und zum Tod verurteilt.

Die Kosten für die Hinrichtung in Höhe von 402,15 Mark mußte die von dem Verurteilten getrennt lebende Ehefrau tragen. Auf der Rechnung des Scharfrichters waren neben seiner Vergütung von 150 Mark für die Hinrichtung auch die Transportkosten der Fallschwertmaschine mit Messern und Block von München nach Landshut nebst Trägergebühren in Höhe von 30 Mark enthalten. Für die Aufbewahrung des Blockes in der Gepäckabgabestelle am Bahnhof Landshut für drei Tage waren 1,20 Mark berechnet.

So erfolgreich Reichhart seine ersten Hinrichtungen hinter sich gebracht hatte, so mißlich blieb aber weiterhin seine wirtschaftliche Lage. Die 450 Goldmark, die er für die ersten drei Hinrichtungen kassiert hatte, waren rasch verbraucht, denn sein Einspännerfuhrwerk in Neubiberg trug inzwischen nicht einmal mehr die Kosten für den Unterhalt des Pferdes. Reichhart mußte das Pferd verkaufen. Auch das von ihm daraufhin gepachtete Bahnhofs-Restaurant in Neubiberg erwies sich als Mißerfolg. Reichhart verlor nach und nach nicht nur die Laufkundschaft, auch Stammgäste blieben weg. Nur wenige Menschen aus der Dorfgemeinschaft wollten mit ihm noch etwas zu tun haben.
Reichhart war im Grunde selbst an dieser Entwicklung schuld. Dummes Imponiergehabe und billige Angebereien im Zusammenhang mit seiner Tätigkeit als Scharfrichter verprellten selbst die wenigen Gäste, die ihm noch geblieben waren. Entgegen der dienstlichen Verpflichtung, nichts über seine Tätigkeit an die Öffentlichkeit gelangen zu lassen, brüstete er sich, der schnellste Scharfrichter zu sein, den Bayern bisher gehabt habe. „Keiner der Nachrichter in der langen Familiengeschichte, die ich allesamt namentlich kenne, hat es je fertiggebracht, in weniger als vier Minuten eine Enthauptung durchzuziehen", prahlte er vor Bekannten und Wirtschaftsgästen. Die Leute im Dorf nannten ihn nur noch den „Renommierhansl". Von der Dorfbevölkerung angefeindet und geschnitten, blieb ihm nichts anderes übrig, als mit seiner Familie in eine ihm zugewiesene Dienstwohnung nach München zu ziehen.
Die Justizführung hatte für die Schwierigkeiten des Scharfrichters Verständnis und ließ nichts unversucht, ihn wenigstens als Vertragsangestellten im Justizdienst unterzubringen. Gedacht war an eine Verwendung als Hilfsaufseher in einem der Münchner Gefängnisse am Neudeck, an der Cornelius- oder an der Leonrodstraße. Dieses Vorhaben aber löste einen Schrei der Entrüstung

unter den Beamten der Gefängnisverwaltungen aus. Ein Scharfrichter in ihren Reihen – niemals! Die ansonsten der staatlichen Obrigkeit untertänig gehorsame Beamtenschaft setzte ein geharnischtes Protestschreiben auf:

Gegen die Verwendung des Nachrichters als Hilfsaufseher bestehen erhebliche Bedenken. Die tägliche Berührung des Nachrichters als Hilfsaufseher mit Gefangenen führt zu Reibereien zwischen Reichhart und den Gefangenen und zu unliebsamen Erörterungen in der Öffentlichkeit. Es ist auch damit zu rechnen, daß Reichhart als Hilfsaufseher mit Gefangenen zu tun bekäme, die er später hinrichten müßte. Dieses ist nicht wünschenswert.

Die zuständigen Vertreter des Justizministeriums teilten die Bedenken der nachgeordneten Dienststellen. Sie konnten verstehen, daß die Organisation der Gefängnisaufsichtsbeamten dagegen opponierte, einen in der öffentlichen Meinung suspekten Mann in ihre Reihen aufzunehmen. Umfragen in der unteren Beamtenschaft hatten ergeben, daß diese durch die Zugehörigkeit eines Scharfrichters Reichhart ihre Standesinteressen in Gefahr, zumindest jedoch stark beeinträchtigt sahen.

Johann Reichhart, der sich wohl immer noch Hoffnungen auf eine feste Anstellung, wenn nicht gar Verbeamtung im Bayerischen Staatsdienst gemacht hatte, mußte erkennen, daß das Amt des Scharfrichters wie einst im Mittelalter verfemt und geächtet war. Niemand wollte im Grunde mit ihm zu tun haben. Der Scharfrichter war und blieb ein „ehrloser“ Mann, auch im 20. Jahrhundert.

Reichhart befand sich in einer verzweifelten Situation. Sein blutiges Handwerk brachte ihm viel zu wenig ein, allenfalls einen kleinen Nebenverdienst, hinderte ihn aber andererseits daran, in einem bürgerlichen Beruf Erfolg zu haben. Denn wer wollte schon einen Scharfrichter einstellen oder mit ihm geschäftlich oder privat zu tun haben?

In seiner Bedrängnis suchte Reichhart am 8. Oktober 1925 das Büro des Ersten Staatsanwalts beim Landgericht München I auf. Er hatte ein Schriftstück aufgesetzt, das er jetzt seinem Dienstvorgesetzten auf den Tisch legte und mit dem er nochmals einen Versuch unternahm, irgendwo an unauffälligem Platz eine kleine, unbedeutende Stelle zu erhalten. Auch dieses Dokument ist erhalten geblieben. Es spricht für sich:

Bald nach Übernahme des Postens als Nachrichter mußte ich mein Fuhrunternehmen wegen Mangel an Aufträgen aufgeben. Ein anderes Geschäft anzufangen, war mir bisher nicht möglich, weil ich etwas Passendes nicht auftreiben konnte. Ein Geschäft mit Lohn- oder sonstigem Kundschaftsverkehr zu betreiben, ist für mich kaum möglich, da die Leute mich als Scharfrichter kennen und schon viele abfällige Bemerkungen über mich gemacht haben. Ich lege einen mir vor kurzer Zeit zugegangenen Brief vor, aus dem hervorgeht, daß ich wegen meines Amtes als Nachrichter Anfeindungen ausgesetzt bin. Mit einer eventuellen Erhöhung meiner Vergütung für die vorzunehmenden Hinrichtungen ist mir nicht viel gedient, weil die Zahl sehr verschieden ist und ich bei wenigen Hinrichtungen von dem Honorar allein nicht leben kann. Ich möchte daher, um meinen Lebensunterhalt zu gewinnen, die Bitte stellen, daß ich in irgendeiner Weise im Justizdienst dauernde Verwendung finde, z. B. als Bote, bei der Feuerwehr, als Portier u. dgl.

Der Staatsanwalt hatte das Papier aufmerksam gelesen. Es war ihm klar geworden, daß Reichhart allein von dem, was er als Scharfrichter verdiente, seine Familie nicht ernähren konnte. Ebenso klar war ihm aber auch, daß eine Anstellung im Beamtenverhältnis, wie es noch bei seinem Onkel der Fall gewesen war, nicht in Frage kam. Der Staatsanwalt wußte auch um die Probleme, die Reichhart in seinen Beziehungen mit Nachbarn, Bekannten und geschäftlichen Auftraggebern hatte, seit sich herumgesprochen hatte, daß er der „Scharfrichter“ sei.
Doch nicht genug, Reichhart hatte den (anonymen) Brief dabei, den er jetzt dem Staatsanwalt ebenfalls vorlegte: „An den Lumpen Reichhart“ stand da geschrieben. Und weiter:

Jetzt blüht wieder der Weizen, gemeiner Lump. In der Räterepublik, die als reinigendes Gewitter ein bißchen länger und energischer durchgeführt hätte werden sollen, hast du dich, schwarze Wühlmaus, ängstlich verkrochen. Nun, die Gefahr und die Angst hat nur ein paar Tage gedauert, dann konntest du dich, raffinierter Kopfabschneider, wieder am Anblick der Sonne erfreuen, dein Kopf war ja wieder gesichert und jetzt kommst du ganz unerwartet wieder zu deinem ehrenwerten, charaktervollen Geschäft. Ja, es ist viel versäumt worden in diesen Tagen und Monaten des Jahres 1919. Wenn man dort die Guillotine als mittelalterliches Instrument ignoriert hat, so zeigte das immerhin noch einen Kulturfortschritt, aber für deinen Kohlrabi und noch einige Spezi hätte man doch eine Ausnahme machen sollen. Als ganz charakterlosen Kerl – es gibt kein Geschäft, und ist es noch so gemein, zu dem sich nicht ein Bazi von deiner Art findet – hätte man dich seinerzeit nicht vergessen sollen, hättest eine Mustergeisel abgegeben für Stadelheim. Vielleicht finden sich doch noch ein paar Aufrechte, die dir das Dach auch noch gründlich umdecken.

Dieser Brief war ohne Zweifel für Reichharts Onkel gedacht gewesen, denn zu der Zeit, auf die der Briefschreiber anspielte, war nicht Johann Reichhart, sondern Franz Xaver Reichhart Nachrichter in Bayern gewesen. Dem anonymen Briefschreiber war entgangen, daß sich im Amt des Nachrichters ein Wechsel vollzogen hatte. Für ihn zählte offenbar nur der Name Reichhart. Johann Reichhart mag zum erstenmal bewußt geworden sein, daß nicht nur auf seiner Person, sondern auf der gesamten Familie der „Fluch" des Scharfrichteramtes lastete und daß er diesem „Fluch" nicht mehr entkommen konnte.
Der Staatsanwalt versuchte, Reichhart zu beschwichtigen und sagte ihm für eine Festanstellung seine Unterstützung zu. „Ich werde sehen, was sich tun läßt!" erklärte er abschließend, um den Mann, der wie ein Häufchen Elend vor ihm saß, wieder ein wenig aufzurichten.
Nachdem Reichhart sein Büro verlassen hatte, fertigte der Staatsanwalt eine Aktenvormerkung an: „Die Bitte des Nachrichters Reichhart wird befürwortet. Daß wegen seines Berufes Reichhart Anfeindungen ausgesetzt ist, wurde mir schon von anderer Seite bestätigt. Das war auch Grund dafür, ihm im Amtsgericht München am Mariahilfplatz eine Dienstwohnung zuzuweisen".
Um dem Scharfrichter und seinen Gehilfen finanziell unter die Arme greifen zu können, gab die Dienstbehörde Reichhart am

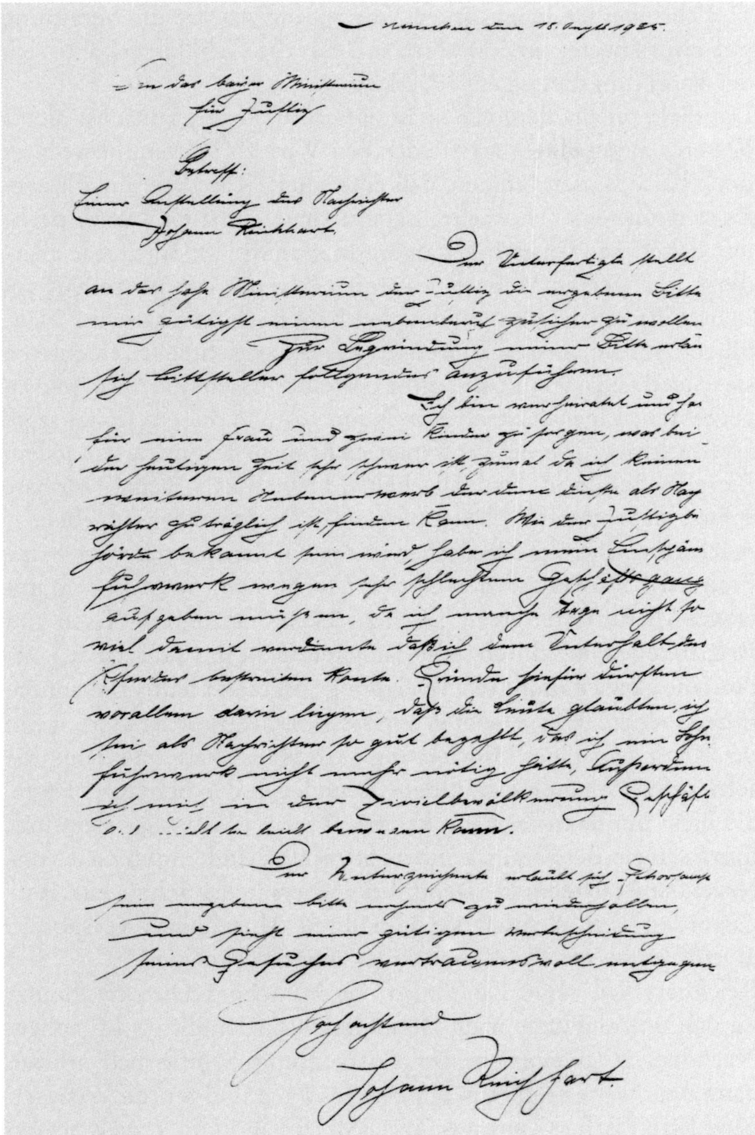

Mit dem von Johann Reichhart eigenhändig geschriebenen Gesuch an das Justizministerium vom 18. August 1925 bittet er um eine feste Anstellung im Justizdienst.

17. Februar 1926 einen neuen Vertrag und stockte die Vergütung pro Hinrichtung auf 300 Mark auf. Für die Gehilfen erhöhte sich der Vergütungsbetrag auf 100 Mark.
Das Geld reichte dennoch nicht. Reichhart wußte zunächst nichts besseres anzufangen, als wieder den Wirt zu spielen, obwohl er doch hätte wissen müssen, daß eine solche Tätigkeit am allerwenigsten mit seinem Scharfrichteramt zu vereinbaren war. Er pachtete daher eine Gastwirtschaft am Mariahilfplatz, führte sie allerdings nur wenige Monate. Es erging ihm mit der Wirtschaft am Mariahilfplatz wie zuvor mit der Bahnhofsgaststätte von Neubiberg: Sobald Gäste erfuhren, daß er Scharfrichter sei, flüchteten sie entsetzt aus dem Lokal, ohne bestelltes Essen und Getränke zu verzehren. Einer der früheren Stammgäste in diesem Lokal sagte zu Reichhart: „Zu dir kann man nicht mehr kommen. An jedem Bierglas, das du in der Hand hältst, klebt Blut". Wenige Monate später, im September 1926, mußte er die Pacht wieder aufgeben.
Auch seine Ehe war inzwischen an seinem Beruf gescheitert. Seine Frau hatte ihn verlassen, weil es ihr nicht mehr möglich war, mit einem Manne unter einem Dach zu leben und mit ihm Tisch und Bett zu teilen, der durch seine Tätigkeit nicht nur sich selbst, sondern die ganze Familie der Verfemung ausgesetzt hatte. Bekannten gegenüber erzählte sie später, es habe sie richtig geschaudert, wenn ihr Mann nach einer Hinrichtung nach Hause kam und dann den schwarzen Anzug mitsamt dem Zylinder in den Schrank hängte. Sie habe ihn dann tagelang kaum ansehen, geschweige denn mit ihm in einem Bett liegen können. Sogar die Kinder mußten darunter leiden. Nachdem der Beruf ihres Vaters in der Schule bekanntgeworden war, wurden sie von ihren Mitschülern verspottet: „Dein Vater is ein Kopfabschneider, Kopfabschneider!"
Reichhart ließ seine Familie in der Münchner Dienstwohnung zurück und flüchtete nach Deisenhofen im Landkreis München. Nachdem er zweimal in der Gastronomie Schiffbruch erlitten hatte, wechselte er dort in ein anderes Fach und wurde Vertreter. Eine katholische Gautinger Verlagsbuchhandlung vergab an ihn die Bezirksgeneralvertretung für Südbayern. Es bleibt wohl eine Ironie des Schicksals, daß der letzte bayerische Scharfrichter ausgerechnet die von Pfarrer Alphons Maria Rathgeber verfaßte Er-

ziehungsschrift „Mädchenglück und Frauenliebe" verkaufte, mit der die katholische Kirche die damals heftig einsetzenden Aktivitäten der Adventisten bekämpfte. Nebenbei handelte Reichhart noch mit Hunden, die er in Deisenhofen züchtete. Gelegentlich versuchte er sich auch als Tanzlehrer.

Das Vertretergeschäft hatte sich zunächst gut angelassen. Aber weil Reichhart seine Angebereien nicht lassen konnte und jedem, ob er es hören wollte oder nicht, erzählte, daß er der bayerische Scharfrichter sei, gingen die Aufträge von Buchhandlungen und Bestellkunden merklich zurück. Daraufhin kündigte der Verlag das Vertragsverhältnis. Reichhart verlor dadurch eine Provisionsvorauszahlung von 300 Mark.

Ausschlaggebend für die Kündigung des Verlages war ein Artikel in der Münchner-Augsburger-Abendzeitung. Am 22. Juni 1927 war dort unter der Überschrift: „Der falsche oder der echte Scharfrichter?" folgendens zu lesen: „Ein Mann namens Reichhart, der sich für den bayerischen Scharfrichter ausgibt, bereist seit einigen Tagen mit ‚seinen Gesellen' den Chiemgau, aber nicht, um sein Nachrichteramt auszuüben, sondern, wie er angibt, um für eine große Sache zu streiten und den Kampf gegen den Adventismus zu führen. Dabei suchen die vier radelnden Männer eine in Gauting erscheinende Zeitschrift zu verschleißen. Die Justizbehörde hat allen Anlaß, hier nach dem Rechten zu sehen".

Der Presseartikel hatte Reichhart nicht nur seine Stelle als Vertreter für „Mädchenglück und Frauenliebe" gekostet, auch der Staatsanwalt beim Landgericht München I knüpfte sich daraufhin den geschwätzigen Scharfrichter vor. Reichhart verteidigte sich, so gut er konnte. Seine Entgegung auf den Presseartikel wurde schließlich seinem Vorgesetzten, dem Oberstaatsanwalt beim Landgericht München I, vorgetragen. Reichhart hatte folgendes zu Protokoll gegeben:

Meine früher innegehabte Wirtschaft am Mariahilfplatz 1 habe ich im September 1926 aufgegeben. Seither reise ich – und zwar jetzt aufgrund der vorgezeigten Gewerbelegitimationskarte Nr. 64 des Jahres 1927 der Polizeidirektion München vom 18. 1. 1927 – als Bezirksgeneralvertreter für Südbayern für die Firma H. A. Berg,

Verlagsbuchhandlung in Gauting. Ich vertreibe für die Firma eine katholische Erziehungsschrift „Mädchenglück und Frauenliebe“ von Pfarrer Rathgeber. Es ist dies ein Buch, das als Ganzes oder auch fortlaufend in einzelnen Heften bezogen werden kann. Der Vertrieb des Buches stellte eine Gegenaktion der Kirche gegen den Schriftenverschleiß der Adventisten in der Gegend dar.
Ich reise bald allein von Ort zu Ort mit dem Rad, mit der Bahn oder zu Fuß. Hie und da treffe ich auch mit einem oder mehreren meiner Unteragenten zusammen. So war ich tatsächlich am 13. Juni in Bernau a. Chiemsee mit drei meiner Agenten zusammengekommen. Wie es bei uns üblich ist, hatten wir den Ortspfarrer besucht, das Buch vorgelegt und uns die Anmeldung vom Pfarrer bestätigen lassen. Diese Bestätigung mußte ich dem Verlag von Zeit zu Zeit vorlegen. Wir haben dann zu Vieren Bernau und die umliegenden Ortschaften bearbeitet. Wir waren auch in Rimsting und in Prien, in letzterem Orte ohne zu arbeiten. Nach Chieming sind wir nicht gekommen.
In Bernau kontrollierte der Gendarmerie-Kommissär unsere Gewerbescheine. Ich habe nun diesem Kommissär vertraulich dann auch mitgeteilt, daß ich der Nachrichter bin, damit er Bescheid wisse, wenn etwa im Falle meiner dringenden Benötigung ein Telegramm oder ein Telefonanruf an die Gendarmerie-Station käme. Ich habe der Frau, bei der ich wohne, immer gesagt, wo ich mich aufhalte. Sie wußte, welche Station der Gendamerie sie zu verständigen hatte, wenn man mich brauchte.
Ich habe meine drei Mitreisenden niemals als „Gesellen“ oder „Gehilfen“ bezeichnet. Die beiden Nachrichtergehilfen Huber und Donderer haben in München ihr Geschäft und haben niemals mit mir gereist.
In Bernau war ich zwei Tage und hatte alsbald den Eindruck, einmal, daß der Kommissär mir nicht recht glauben wollte, daß das mit dem Nachrichter wahr sei, andererseits aber, daß es unter den Leuten ruchbar geworden war. Ich kann natürlich nicht sagen, ob das Gerede etwa auf eine unvorsichtige Bemerkung eines meiner Begleiter oder des Gendarmen zurückzuführen sei. Jedenfalls ist der Zeitungsartikel seine Folge. Der Vertreterposten stellt meinen Lebensunterhalt dar. Ich muß verdienen. Ich habe nicht wie mein

Onkel früher festen Gehalt als Nachrichter, sondern werde für jede Hinrichtung entlohnt.
Im Jahre 1926 haben zwei Hinrichtungen stattgefunden, im jetzt abgelaufenen ersten Halbjahr 1927 überhaupt keine. Es ist für mich selbstverständlich, daß ich bei Ausübung meines bürgerlichen Berufes es vermeide zu sagen, daß ich der Nachrichter bin. Ich werde künftig noch schärfer darauf sehen, daß auch meine Reisebegleiter nichts verlauten lassen. Das kann ich natürlich nicht verhindern, daß irgendwo doch jemand auftaucht, der mich von München her kennt. An den Orten, an welchen schon Vollstreckungen stattfanden, wie z. B. Traunstein und Landshut, kennen mich allerhand Leute, oft ohne daß ich es weiß.
Als wir auf der Reise neulich nach Kraiburg kamen, hat so z. B. der dortige Pfarrer Maier bei Nennung meines Namens sofort meiner Scharfrichtereigenschaft sich erinnert und gesagt, daß er seinerzeit bei einer Hinrichtung in Traunstein mich gesehen hat.

Wie die Staatsanwaltschaft jedoch ermittelte, hatte Reichhart nicht die ganze Wahrheit gesprochen. Er hatte tunlichst verschwiegen, daß er wiederum bei allen sich bietenden Gelegenheiten geprahlt hatte, er sei der schnellste Scharfrichter Bayerns. Er erhielt daher eine ernste Verwarnung und die Androhung disziplinärer Konsequenzen, falls er sich nicht daran halten würde, Dienstgeheimnisse zu wahren.
Bis Ende des Jahres 1928 hatte er insgesamt 23 Hinrichtungen vollzogen: sieben 1924, neun 1925, drei 1926, drei im zweiten Halbjahr 1927 und nur eine 1928, in Kempten. Die Weimarer Republik war ein humaner Staat und die Todesurteile der Schwurgerichte wurden nicht selten in lebenslange Freiheitsstrafen umgewandelt. Weil sein Einkommen immer geringer geworden war, beantragte Reichhart schließlich am 11. März 1929, man möge ihm für das vergangene Jahr nachträglich ein Salär bewilligen.

Reichhart schrieb an das Bayerische Staatsministerium der Justiz:

Betreff: Eine besondere Honorierung für das Jahr 1928. Der Unterfertigte stellt an das hohe Ministerium der Justiz die ergebenste Bitte, eine besondere Honorierung für das Jahr 1928 gütigst ge-

währen zu wollen. Gründe hierfür sind folgende. Meine letzte Vollstreckung war am 20. Januar 1928 in Kempten. Hatte in der Zwischenzeit oftmals sehr viel Geschäftsverluste durch das öftere Hinwarten. Da nun seit Letzterem sämtliche Mörder, die zum Tode verurteilt, begnadigt wurden, war ich in meinen geschäftlichen Reisen so gehindert, daß ich manche Woche keinen Pfennig verdient habe. Meine Familie besteht aus 3 Kindern im Alter von 7–6–1$^1/_2$ Jahr. Habe im Jahre 1927 auf 28 durch die letzte sehr schwere Entbindung meiner Frau 5 Ärzte, die Klinik, sowie bis zur Erholung meiner Frau 1000 Mark bezahlen müssen. Bin heute noch Prov. Vertreter für Heilapparate. Mein Verdienst ist so minderwertig, daß ich mein Leben nur fristen kann mit 5 Personen, mein Durchschnittverdienst ist 50 bis 70 Mark, aber oftmals verdiene ich die ganze Woche gar nichts. Schulde heute noch den Verlagshäusern H.A. Berg in Gauting, bei denen ich letztere Zeit tätig war, 300. Stelle dadurch nochmals an das hohe Ministerium der Justiz Ergebenste Bitte, mir eine besondere Honorierung für das Jahr 1928 als Geld und für verlorengegangene Ehre zukommen zu lassen.

Das Bayerische Staatsministerium der Justiz kam Reichhart insoweit entgegen, daß es ihm für 1928 eine Sondervergütung von 500 Reichsmark zahlte, ihm die Erlaubnis für eine Nebentätigkeit gleich welcher Art erteilte, von der Residenzpflicht absah und einer Arbeitsaufnahme im Ausland nichts entgegensetzte.

FLUCHT NACH HOLLAND

Johann Reichhart war jetzt zum ersten Mal entschlossen, sein blutiges Handwerk aufzugeben. Er wollte nicht länger von den Menschen geächtet werden. „Überall, wo ich um eine Beschäftigung nachsuche, begegnet mir Eiseskälte und Schulterzucken, wenn ich meinen Namen nenne“, begründete er seinen Antrag auf Auflösung des Arbeitsvertrages.
Nachdem das Ministerium seinen Antrag abgelehnt hatte, flüchtete Reichhart 1929 nach Holland und eröffnete in Den Haag einen Gemüsehandel. Bevor ihn das Justizministerium ziehen ließ, forderte man von ihm die strikte Einhaltung des Nachrichtervertrages. Gleichzeitig wurde die Absprache getroffen, daß er sofort jedesmal nach Bayern zurückkommen müsse, wenn ihn sein Dienstvorgesetzter für eine Hinrichtung bestellte. Für die Verständigung wurde sogar ein Telegrammcode vereinbart.
Mijnheer Reichhart lebte friedlich in Den Haag. Er gewöhnte sich rasch ein, lernte in kurzer Zeit holländisch und machte schon bald gute Geschäfte. Mijnheer Reichhart konnte vergessen, daß er nebenbei noch Scharfrichter in Bayern war. Vorläufig waren weder er noch seine Guillotine, die in München geblieben war, gefragt.
Und noch etwas hatte Reichhart inzwischen gelernt: Er hatte sein krankhaftes Mitteilungsbedürfnis in den Griff bekommen und nicht mehr mit seinem Beruf als Scharfrichter geprahlt. Er hatte endlich erkannt, daß es für einen Scharfrichter besser war zu schweigen, als durch Angebereien die Leute gegen sich aufzubringen.
Mijnheer Reichhart wurde in Den Haag wegen seiner Hilfsbereitschaft allgemein geschätzt. Er packte ordentlich zu, wenn er jemandem gefällig sein konnte. Die Menschen vertrauten ihm, und niemand ahnte, daß der mittelgroße, hagere Mann mit dem kräftigen Händedruck schon 23 Menschen geköpft hatte und bald Tausende köpfen sollte.
In Holland glaubte Reichhart, seinem schrecklichen Beruf als Scharfrichter endgültig entkommen zu sein. Aber die Rechnung

ging nicht auf. Zwei Jahre hatte er friedlich als Gemüsehändler in Den Haag gelebt, als ihn der Staatsanwalt im Frühjahr 1931 plötzlich nach München zurückbeorderte. Es galt ein Todesurteil zu vollstrecken.

Vom Schwurgericht beim Landgericht in Regensburg war der Kaufmann Kurt Tetzner aus Leipzig zum Tode verurteilt worden, weil er am 27. November 1929 einen Handwerksburschen von der Straße aufgelesen, ihn im Auto mitgenommen, getötet und dann mitsamt dem Fahrzeug angezündet hatte.

Tetzner befand sich in permanenter Geldnot. Um aus der ausweglosen Situation herauszukommen, plante er einen großangelegten Versicherungsbetrug, der fehlschlug, ihn aber zum Mörder werden ließ. Nachdem er eine hohe Lebensversicherung abgeschlossen hatte, suchte er ein geeignetes Opfer, um dieses zu töten und ihm seine, Tetzners, Identität aufzudrücken. Die Wahl fiel auf einen Handwerksburschen.

Tetzner befand sich auf der Fahrt von Leipzig nach München. Auf der Straße gingen Wandergesellen dutzendweise. Er entschied sich für einen, der seine ungefähre Größe und Statur hatte. Um sich das Vertrauen des Wanderburschen zu erschleichen, schlug er ihm vor, ihn einzukleiden, nach München mitzunehmen und ihm dort eine Arbeit zu besorgen. Der Mann nahm das Angebot an. Tetzner fuhr mit ihm zuerst nach Bayreuth, kaufte ihm dort in einem Fachgeschäft Anzug, Hemd, Krawatte und Schuhe und lud ihn anschließend zum Essen ein. Am Abend setzte er die Fahrt in Richtung München fort. Auf dem Beifahrersitz saß der Wandersmann.

In der Nähe von Etterzhausen, im Landkreis Regensburg, tötete Tetzner den schlafenden Beifahrer und zündete das Auto an. Mit dieser Tat wollte er sich nominell für tot erklären und von der „trauernden Witwe“ die Versicherung abkassieren lassen. Bevor er den Tatort verließ, steckte er seine Ausweispapiere in das Handschuhfach des Wagens, wo sie von der Polizei unversehrt vorgefunden wurden. Der Vorgang rangierte zunächst als Verkehrsunfall mit Todesfolge in den Akten der Polizei.

Kurt Tetzner hatte sechs Tage zuvor, am 21. November 1929, bereits versucht, einen Wanderburschen zu töten. Er täuschte eine

Autopanne vor, veranlaßte den Mitfahrer dazu, die Kühlerhaube zu öffnen und schlug ihm dabei von hinten mit dem Wagenheber auf den Kopf. Der Verletzte floh in einen nahen Wald und entkam dem ihm nacheilenden Tetzner.

Ein findiger Regensburger Kriminalbeamter, der die zurückliegenden aktenkundig gewordenen Vorfälle aufmerksam studiert hatte, war auf die Aussage des Handwerksburschen gestoßen, die dieser in einem Krankenhaus einem Gendarmen gemacht hatte: Er sei von einem Autofahrer als Anhalter mitgenommen worden, der dann versucht habe, ihn mit einem Autowagenheber zu erschlagen. Der Kriminalbeamte erkannte den Zusammenhang zwischen dem versuchten Mord und dem nunmehr fragwürdig gewordenen Verkehrsunfall mit Todesfolge bei Etterzhausen. Das Verbrechen konnte mit Hilfe der Versicherungsgesellschaft in Leipzig geklärt werden.

Kurt Tetzner kämpfte 17 Monate mit der Justiz um sein Leben. Alle gebotenen und zulässigen Rechtsmittel schöpfte er aus, und sein Münchner Strafverteidiger bemühte in letzter Stunde noch den Reichspräsidenten Hindenburg, um von ihm eine Begnadigung Tetzners zu erreichen – doch vergeblich.

Am 2. Mai 1931 verabschiedete sich Tetzner von allen Gefängniswärtern einzeln und mit Handschlag, ehe er seinen letzten Weg in den Hof des Landgerichtsgefängnisses antrat. Der Regensburger Friseur Michael Rabenhofer, der Tetzner am Tag vor der Hinrichtung noch rasiert hatte, erinnert sich: „Ruhig ist er gewesen. Der hat sich nichts anmerken lassen.“ Nach der Rasur hat er sich von Rabenhofer, der ihn fast zwei Jahre lang jeden Tag in der Todeszelle rasiert hatte, mit den Worten verabschiedet: „Ich will und muß auch sühnen.“

Nach der Hinrichtung Tetzners war Johann Reichhart zunächst wieder nach Den Haag zurückgekehrt. Er hatte sich an sein Doppelleben gewöhnt. In Holland war er ein freundlicher Gemüsehändler, der auf dem Markt gute Geschäfte machte. In Bayern war er ein Verfemter und Geächteter, der das blutige Handwerk des Scharfrichters ausübte.
So war es und so blieb es, auch als ihn im Juli 1932 in Den Haag wieder ein Telegramm der Staatsanwaltschaft erreichte. Über den verabredeten Geheimcode wurde ihm mitgeteilt, daß er sich am 10. Juli 1932 abermals bei der Vollstreckungsabteilung in München zu melden habe.
Reichhart begab sich unverzüglich in die Strafanstalt München-Stadelheim, überprüfte dort die Guillotine auf ihre Funktionstauglichkeit, verständigte die Nachrichtergehilfen. Dann ließ er sich von zwei Gefängnisbeamten zu der Todeszelle führen. Angestrengt blickte er durch den Spion der Zellentür. Reichhart traute seinen Augen nicht: In sich zusammengekauert saß dort eine etwa 30 Jahre alte Frau auf dem hölzernen Bettgestell. Über ihr breites Gesicht rannen Tränen der Angst und Verzweiflung. Das Haar hing wirr um den Kopf, eine Wolldecke umschlang den Körper der Todeskandidatin. Wie aus einem Vulkan brach es plötzlich aus der Frau heraus: „Ich will nicht sterben. Er muß auch mit. Er ist schuld an meinem Unglück. Wegen ihm hab ich den alten Saufbold erschlagen.“ Danach wieder beruhigt, weinte und schluchzte sie eine Weile vor sich hin. Unvermittelt fing sie erneut an zu schreien und zu toben, wobei sie den Oberkörper aufrichtete: „Wenn schon ich geköpft werden soll, dann er auch. Der darf net dableiben.“
Erna Hasselbeck, zerbrochen an Leib und Seele, bäumte sich gegen ein unabwendbares Schicksal auf. Reichhart empfand zum ersten Male Mitleid. Es war die erste Frau, bei der er das Todesurteil zu vollstrecken hatte. Bei den Männern, die als Mörder und

gemeine Schwerverbrecher bislang unter sein Fallbeil gekommen waren, hatte er kein Bedauern gekannt. Doch diese verzweifelte junge Frau machte es ihm zunächst schwer, seinen Auftrag, den er als Scharfrichter hatte, auszuführen.
Erst nachdem ihm ein Gefängnisbeamter in allen Einzelheiten erzählt hatte, warum die Frau zum Tode verurteilt worden war, schlug sein anfängliches Mitgefühl in Zorn um.
Reichhart war überzeugt, daß diese Frau zu Recht auf das Schafott kam. Wie ihm berichtet wurde, hatte Erna Hasselbeck zusammen mit ihrem Mann in einem kleinen Dorf in Oberbayern einen Bauernhof bewirtschaftet. Schmal waren die Erträge, und das wenige Geld, das sie einbrachten, vertrank und verspielte der Mann regelmäßig im Wirtshaus. Zwischen den Eheleuten war alle Harmonie verlorengegangen. Sie stritten und schlugen sich, und der Mann war bald mehr im Wirtshaus als daheim. Zechkumpane vermittelten ihm mehr Freude und Gemütlichkeit, als dies sein griesgrämiges, zänkisches Eheweib zu tun vermochte. Erna nutzte die Abwesenheit des mittlerweile ungeliebten Mannes dazu, sich in die Arme eines Knechtes zu flüchten, der bei einem Bauern in der Nachbarschaft im Dienst stand.
Im Ort war das sittenlose Treiben keinem verborgen geblieben. Bald schon tratschten die Dorfbewohner offen über das „g'schlamperte Verhältnis" der Hasselbeckin mit dem Knecht, und so erfuhr auch der gehörnte Ehemann davon. Dieser eilte nach Hause und verprügelte seine ungetreue Frau erst einmal nach Strich und Faden. Als sie sich im Spiegel ihre blau unterlaufenen Augen und ihre Beulen betrachtete, faßte sie den Entschluß, das „versoffene und schlägernde Scheusal" aus dem Weg zu räumen.
Eines Abends holte Erna Hasselbeck aus der Holzlege eine Spitzhacke und wartete mit diesem Mordwerkzeug in der unbeleuchteten Stube hinter der Tür auf das Opfer. Hasselbeck, bis zum Stehkragen vollgepumpt mit Bier, torkelte die Dorfstraße entlang. Dabei brummte er vor sich hin: „Jetzt langt's mir. Nimmer schau ich zu, wie es dös Menscherts mit'm Fritz so schamlos treibt. Davonjagen tu ich dös Weiberts. Heute noch muß sie aus dem Haus."
Was Josef Hasselbeck in seiner alkoholischen Benebelung vor sich hinredete, entging den Leuten nicht. Bewohner des Dorfes, die

vor ihren Haustüren einen „Hoagascht“ abhielten, bekamen die Drohungen mit, die er ausstieß. Da der andauerende Ehekrach der Hasselbecks schon Tagesgespräch geworden waren, schwante den meisten nichts Gutes.

Josef Hasselbeck drückte kräftig die Klinke nieder, und die Stubentür öffnete sich. Sein Griff zum Lichtschalter ging ins Leere. Ein furchtbarer Schlag mit einem harten Gegenstand hatte ihn seitlich am Kopf getroffen. Er taumelte in den Raum hinein, fiel jedoch nicht um. Da trafen ihn noch drei heftige Hiebe auf den Kopf, begleitet von den haßerfüllten Worten seiner Frau: „Verreck', elender Säufer.“

Tödlich verletzt, schlug Josef Hasselbeck röchelnd auf den Boden auf. „Fritz, du kannst kommen, alles ist vorbei.“ Erna rief dieses hinaus in die Fletz, wo ihr Liebhaber unter den Stufen der Stiege hinauf zum Dachboden gestanden und auf ein Zeichen von ihr gewartet hatte.

Fritz trat in die Stube und sah das blutbesudelte Opfer mit zertrümmertem Schädel auf dem Fußboden liegen. „Hat er net g'schrien? Ich hab nix gehört“, fragte er. Darauf antwortete Erna ohne jegliche Gefühlsregung: „A wengerl grunzt hat er schon, sonst nix.“ Fritz verspürte einen Drang, sich zu übergeben. Voller Abscheu und Ekel wandte er sich von dem Toten weg und versuchte, aus der Stube zu gehen. Da herrschte ihn Erna an: „Da bleibst! Du wirst mir jetzt helfen, die Leiche zu verstecken.“ Die beiden kamen überein, den toten Ehemann erst einmal in den Stadel zu verbringen. Auf der Tenne deckten sie ihn lose mit ein paar Strohbündeln zu, gingen zurück in die Stube und fingen an, den Fußboden von den Blutspuren zu säubern, was ihnen aber nicht restlos gelang.

Schließlich erschien es Erna und Fritz nicht ratsam, den Ermordeten auf der Tenne im Stadel zu belassen. Sie schleppten ihn in den Keller, um ihn anderntags irgendwo in einem Waldstück einzugraben.

Erna Hasselbeck hatte eine schlechte Nacht voller Angst und wirrer Träume. Unausgeschlafen und nervös verließ sie bei Tagesanbruch die Schlafkammer und holte aus dem Büfett in der Küche ein großes Schlachtermesser, das bei Hausschlachtungen benutzt wurde. Damit ging sie in den Keller und zerstückelte den Leich-

nam. Die Leichenteile schob sie in den Backofen, in dem üblicherweise das Hausbrot gebacken wurde, legte Reisig und Holz darüber und steckte es in Brand. Die verbrannten Überreste verstreute sie heimlich im Wald. Dann meldete sie ihren Mann als vermißt. Doch die Polizei brauchte nicht lange zu suchen. Mehrere Zeugenaussagen lenkten von Anfang an den Verdacht auf die Frau. Die Blutspuren auf dem Fußboden waren ein unübersehbarer Beweis. Schließlich fand man auch die verkohlten Überreste des Ermordeten im Wald. Erna Hasselbeck wurde verhaftet. Nun sollte sie für ihre grausame Tat büßen.
Als sie von Reichharts Gehilfen und in Begleitung eines Gefängnisbeamten sowie des Gefängnispfarrers zur Hinrichtungsstätte geführt wurde, gellten ihre wilden Schreie durch die Strafanstalt München-Stadelheim. Ohne Unterlaß verlangte sie, daß auch ihr Liebhaber Fritz mit aufs Schafott komme, dieser war jedoch nur zu einer Gefängnisstrafe verurteilt worden, weil ihm eine Mittäterschaft am Mord nicht nachzuweisen war.
Erna Hasselbeck gebärdete sich wie eine Furie. Es gelang ihr, aus den Fesseln zu schlüpfen, die ihr an die schmalen Handgelenke angelegt worden waren. Nach allen Seiten blindwütig um sich schlagend, kämpfte sie um ihr nacktes Leben.
Wie Reichhart später erzählte, wurden seine beiden Gehilfen allein mit dem tobenden Weib nicht fertig. „Ein erstes, zugleich auch ein letztes Mal mußte ich selbst mit Hand anlegen, eine Todeskandidatin auf dem Kippbrett festzugurten. Erst als wir das Brett kippten und sie unter das Fallbeil schoben, verstummte sie. Angstschweiß bildete sich auf ihrer Stirn, und mit glasigem Blick starrte sie in die Blockkiste, in die gleich ihr Kopf fallen sollte. Ihr vorher noch die schwarze Augenbinde anzulegen, hatte sich als undurchführbar erwiesen. Vom vielen Schreien heiser geworden, konnte sie nur noch durch die Zähne zischen: ‚Mörderbande'. Dann schloß sie die Augen. Ihre Frechheit und Verwegenheit, meine Gehilfen und mich als Mörderbande zu beschimpfen, hatte mich schwer beleidigt. Meine Hände zitterten leicht, als ich den Hebel betätigte, der das Fallbeil auslöste. Mit todbringender Sicherheit trennte es den Kopf der Erna Hasselbeck vom Rumpf ihres Körpers. Es war eine meiner schwierigsten Hinrichtungen."

Nach der Hinrichtung von Erna Hasselbeck fuhr Reichhart abermals zurück nach Den Haag. Aber als er jetzt auf den Gemüsemarkt kam, sahen ihn die Menschen mit einem Mal scheel an, mieden ihn und schreckten zurück, sobald er sich jemandem näherte, um ein Gespräch zu führen. Da faßte er sich einen Bekannten und fragte nach, warum sich die Leute plötzlich so feindselig verhielten. Der Mann trat ein paar Schritte zurück und schleuderte ihm haßerfüllt entgegen: „Du bist in München Henker. Menschenschlächter wollen wir hier nicht. Verschwinde!“ Er spuckte dem Reichhart vor die Füße, drehte sich um und gesellte sich seinen Landsleuten zu, die den Vorfall verfolgt hatten.
Niedergeschlagen ging Reichhart nach Hause. Was mußte er dort sehen? An der Tür seiner Wohnung heftete ein Zeitungsausschnitt des „8-Uhr-Blattes“ aus Deutschland. An den Rand des Artikels war in großen Lettern das Wort: „Henker“ gekritzelt. Da wußte er, was den plötzlichen Sinneswandel der Holländer herbeigeführt hatte.
Reichhart riß rasch den Zeitungsartikel von der Tür. In seiner Wohnung begann er zu lesen: „Einzelne Gesuchsteller bewarben sich beim Justizministerium sogar um einen ‚Scharfrichterposten‘ und beweisen durch ihre Zeugnisse, daß sie mit Sicherheit und Schnelligkeit bereits eine ähnliche Tätigkeit ausgeübt haben. Es besteht jedoch keine Nachfrage nach Scharfrichtern. In diesem Zusammenhang ist interessant zu erfahren, daß der Scharfrichter Reichhart (hier war der Name mit Reichard falsch geschrieben), der die Todesurteile der bayerischen Justiz zu vollstrecken hat, bei Bedarf von seinem Wohnort in Holland herbeigerufen werden muß. Er findet, wie man erzählt, in Deutschland keine Wohnung. Bekanntlich wurde im Mittelalter ein Scharfrichter als ‚Ehrloser‘ betrachtet und durfte kein Obdach in einem deutschen Haus finden. Diese Anschauung ist noch tief im Volk verwurzelt.“
Erst später hat Reichhart den Hintergrund dieses Zeitungsartikels erfahren. Das Bayerische Justizministerium hatte Personal für

eine Verwendung im Justizdienst gesucht. Unter den zahlreichen Bewerbungen befanden sich auch einige, die das Amt des Scharfrichters anstrebten, jedoch mit der Begründung abgewiesen wurden, daß dieses Amt bereits von Johann Reichhart besetzt sei. Die Presse hatte davon Wind bekommen, worauf das „8-Uhr-Blatt" und der nationalsozialistische „Völkische Beobachter" gemeinsam eine Kampagne starteten, mit der sie gegen das Justizministerium polemisieren wollten. Sie trafen damit aber letztlich nicht das Ministerium, sondern den in diesem Fall völlig unschuldigen Johann Reichhart, der sich in Holland sicher gefühlt und häuslich eingerichtet hatte, jetzt aber auch dort zu einem Verfemten und Geächteten wurde.

Sein Gemüsegeschäft weiterzuführen, erwies sich schon bald als unmöglich. Reichhart erlebte ähnliches wie seinerzeit als Gastwirt. Wer wollte schon bei einem Scharfrichter Salatköpfe oder Gurken kaufen? Es blieb ihm nichts anderes übrig, als sein Domizil in der Francois-Valentijn-Straße 74 zu räumen und nach Deisenhofen zurückzukehren. Das war im Frühling des Schicksalsjahres 1933.

Abermals dachte er daran, seinen Nachrichtervertrag zu kündigen. Aber Reichhart hatte die Rechnung ohne den Wirt gemacht. Am 30. Januar 1933 hatten die Nationalsozialisten im Deutschen Reich die Macht übernommen. Adolf Hitler war zum Reichskanzler ernannt worden. Nach seiner Rückkehr von Holland nach München wurde Reichhart darüber belehrt, daß er Pflichten gegenüber dem neuen Staat habe und daß auf seine Erfahrungen als Scharfrichter nicht verzichtet werden könne. Hätte er damals geahnt, daß er unter dem neuen Regime innerhalb weniger Jahre Hunderte von unschuldigen Opfern eines verbrecherischen Systems hinrichten und als berüchtigter Henker von Nazi-Deutschland schon bald eine zweifelhafte Berühmtheit erlangen sollte, mag sein, daß er dann doch den Mut aufgebracht hätte, den Schwierigkeiten zu trotzen und sein blutiges Amt für immer aufzugeben.

So aber stellte sich schon bald heraus, daß – im Gegensatz zu früheren Zeiten – der bayerische Scharfrichter alle Aussichten auf eine gewisse Karriere hatte. Nach der nationalsozialistischen Gleichschaltung der Länder im April 1933 wurde der Freistaat

Bayern dem NS-Reichsstatthalter Ritter von Epp unterstellt. Für Reichhart bedeutete dies, daß der Oberstaatsanwalt beim Landgericht München I mit ihm am 22. Juni 1933 einen neuen Vertrag schloß, der sein Jahressalär auf die inzwischen recht stattliche Summe von 3000 Reichsmark erhöhte, zahlbar in monatlichen Beträgen von 250 Reichsmark.
Ein weiterer und bestimmt nicht unwesentlicher Grund, warum Reichhart entgegen ursprünglicher Absicht sein Amt beibehielt, war eine Anfrage aus dem Nachbarland Sachsen. Die oberste Justizbehörde von Sachsen suchte einen Nachrichter. Am 9. Juli 1933 hatte sich der Senatspräsident Dr. Friedlein vom Sächsischen Justizministerium in Dresden vertrauensvoll an seinen Kollegen Dr. Siegel, Präsident des in der damals bayerischen Pfalz gelegenen Oberlandesgerichts Zweibrücken, gewandt.

Sehr geehrter Herr Kollege! Wäre es Ihnen wohl möglich, mir in folgender Angelegenheit eine Auskunft zu vermitteln: Sachsen hat seit Jahren keinen Scharfrichter. Da die Vollstreckung der Todesstrafe in Zukunft wieder öfter Platz greifen wird, muß an die Verpflichtung eines neuen Scharfrichters gedacht werden. Nun kommen in dem kleinen Sachsen Hinrichtungsfälle immerhin verhältnismäßig selten vor. Es möchte deshalb geprüft werden, ob Sachsen etwa mit einem Nachbarland einen gemeinsamen Scharfrichter haben könnte. Wäre das mit Bayern möglich? Etwa in der Weise, daß Sachsen mit dem bayerischen Scharfrichter ein gleiches oder ähnliches Vertragsverhältnis eingehen könnte? Daß man – rein lokal gesehen – vielleicht dann diskutiere, wenn der bayerische Scharfrichter nicht allzuweit von der sächsischen Grenze wohnt. Wäre es möglich, Ihre Meinung dazu zu hören? Mir läge sehr viel daran, Näheres über den Vertrag zu erfahren, den Bayern mit seinem Scharfrichter abgeschlossen hat. Diese Kenntnis wäre auch für den Fall wesentlich, daß Sachsen doch selbständig einen Scharfrichter anstellen muß. Die Sache ist ja auch eine Geldfrage. Indem ich Ihnen schon im voraus bestens danke, bin ich mit ergebensten Grüßen Ihr Dr. Friedlein

Die Anfrage aus Dresden kam dem Bayerischen Justizministerium nicht ungelegen. Die „Ausleihe“ des Scharfrichters an Sachsen bot

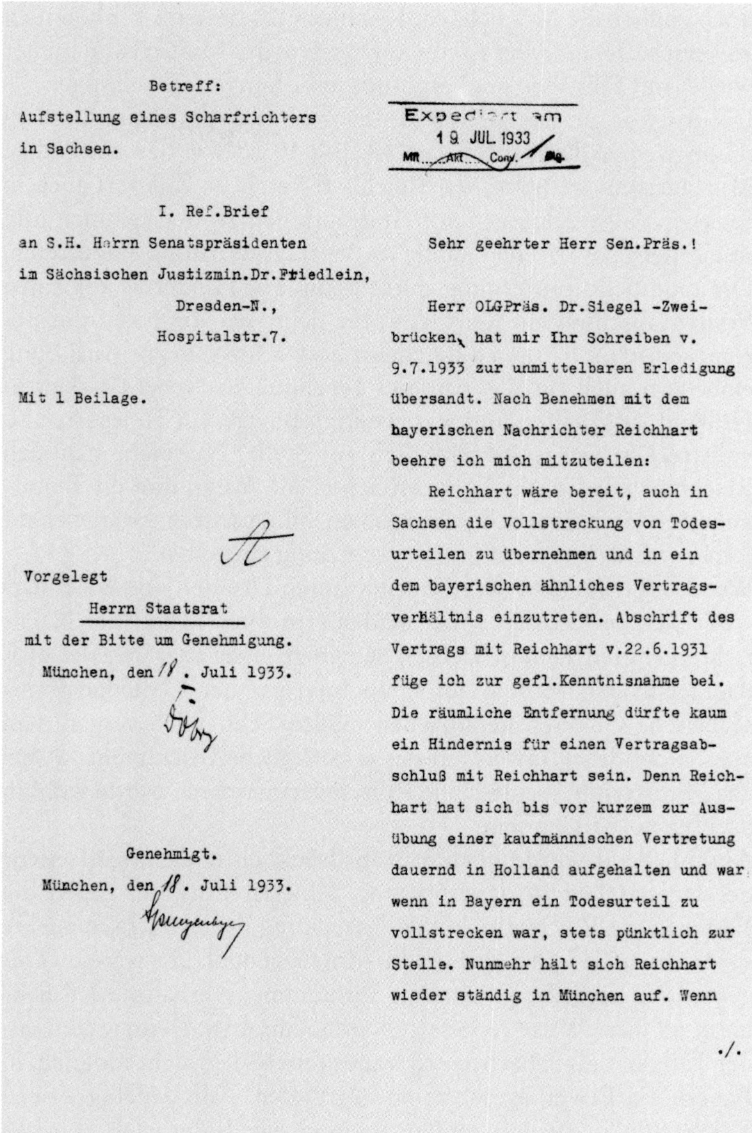

Betreff:
Aufstellung eines Scharfrichters
in Sachsen.

Expediert am
19. JUL. 1933

I. Ref.Brief
an S.H. Herrn Senatspräsidenten
im Sächsischen Justizmin.Dr.Friedlein,
Dresden-N.,
Hospitalstr.7.

Mit 1 Beilage.

Vorgelegt
Herrn Staatsrat
mit der Bitte um Genehmigung.
München, den 18. Juli 1933.

Genehmigt.
München, den 18. Juli 1933.

Sehr geehrter Herr Sen.Präs.!

Herr OLGPräs. Dr.Siegel -Zweibrücken, hat mir Ihr Schreiben v. 9.7.1933 zur unmittelbaren Erledigung übersandt. Nach Benehmen mit dem bayerischen Nachrichter Reichhart beehre ich mich mitzuteilen:

Reichhart wäre bereit, auch in Sachsen die Vollstreckung von Todesurteilen zu übernehmen und in ein dem bayerischen ähnliches Vertragsverhältnis einzutreten. Abschrift des Vertrags mit Reichhart v.22.6.1931 füge ich zur gefl.Kenntnisnahme bei. Die räumliche Entfernung dürfte kaum ein Hindernis für einen Vertragsabschluß mit Reichhart sein. Denn Reichhart hat sich bis vor kurzem zur Ausübung einer kaufmännischen Vertretung dauernd in Holland aufgehalten und war wenn in Bayern ein Todesurteil zu vollstrecken war, stets pünktlich zur Stelle. Nunmehr hält sich Reichhart wieder ständig in München auf. Wenn

./.

Das Schreiben des Bayerischen Justizministeriums vom 18. Juli 1933 an die Kollegen in Dresden: Scharfrichter Reichhart darf auch in Sachsen seines Amtes walten.

doch endlich die Möglichkeit, Reichhart ein besseres Einkommen zu verschaffen und ihn davon abzuhalten, das Ministerium immer wieder mit Eingaben um Vergütungserhöhungen zu belästigen.
Die Antwort an das Sächsische Justizministerium erging deshalb schon wenige Tage später, am 18. Juli 1933. Wie der zuständige Ministerialrat mitteilte, war Reichhart bereit, in Zukunft auch in Sachsen Vollstreckungen von Todesurteilen zu übernehmen und in ein dem bayerischen ähnliches Vertragsverhältnis einzutreten. Die räumliche Entfernung dürfe kaum ein Hindernis für einen Vertragsabschluß mit Reichhart sein, denn, wie das Justizministerium schrieb, „ hatte sich Reichhart bis vor kurzem zur Ausübung einer ihm auch für das Ausland genehmigten Nebentätigkeit in Holland aufgehalten und war, wenn in Bayern ein Todesurteil zu vollstrecken war, stets pünktlich zur Stelle. Nunmehr hält sich Reichhart wieder ständig in München auf. Wenn ihm die Benützung 3. Klasse eines Schnellzuges zugebilligt würde, könnte er auf fernschriftlichen Abruf jeweils rechtzeitig eintreffen."
Weiterhin teilte man dem Ministerium in Dresden mit, Reichhart wolle sich am liebsten seiner beiden erprobten Münchner Nachrichtergehilfen auch in Sachsen bedienen; er sei aber notfalls auch damit einverstanden, wenn er im Interesse der Kostenersparnis sächsische Gehilfen heranziehen müßte. Schließlich vergaß man auch nicht den Hinweis auf das erforderliche Instrument, wobei das Ministerium meinte, eine Fallschwertmaschine werde wohl in Sachsen vorhanden sein.
Abschließend wurde nochmals ausdrücklich erklärt, daß seitens der Bayerischen Justizverwaltung keinerlei Einwand gegen die Verwendung Reichharts zur Vollstreckung der in Sachsen ausgesprochenen Todesurteile bestehe – im Gegenteil. „Es wäre im Gegenteil zu begrüßen, wenn die Einkommensverhältnisse Reichharts auf diese Weise verbessert werden könnten. Denn wegen seiner Tätigkeit als Scharfrichter war es ihm bisher nicht möglich, in Bayern ein Erwerbsgeschäft zu begründen. Falls zufällig einmal gleichzeitig in Bayern und in Sachsen ein Todesurteil zu vollstrecken wäre, so darf wohl das Einverständnis damit angenommen werden, daß zunächst das bayerische Urteil vollstreckt wird." Als Reichhart von dem Schreiben Kenntnis erhielt, soll er

gespottet haben: „Wenigstens beim Köpfen sind die Bayern einmal vor den Sachsen dran." Abschließend wurde noch die politische Zuverlässigkeit des Scharfrichters bestätigt: „Bemerken möchte ich noch, daß Reichhart SA-Mann ist, bisher noch zu keinerlei Beanstandungen Anlaß gegeben hat. Wenn es gewünscht wird, ist Reichhart bereit, im Sächsischen Justizministerium vorstellig zu werden."

Eine persönliche Vorstellung war jedoch nicht erforderlich. Das Justizministerium in Dresden glaubte auch so an die Fähigkeiten des bayerischen Scharfrichters. Die beiden Justizministerien kamen daher überein, daß Reichhart die Vollstreckung von Todesurteilen auch in Dresden und Weimar übernehmen solle. Das sächsische Ministerium traf mit Reichhart das Abkommen, ihn für die Vollstreckung von Todesurteilen nach Anfall zu bezahlen und ihm Nachrichtergehilfen aus Sachsen zur Verfügung zu stellen.

Scharfrichter Reichhart witterte Morgenluft. Nach den kümmerlichen und entbehrungsreichen Jahren, in denen er als Zeitschriftenvertreter unterwegs war und sogar mit Hunden handeln mußte, versprach sein Amt jetzt endlich ein einträgliches Geschäft zu werden. Er war zwar weder fest angestellt noch gar verbeamtet, aber er verfügte nunmehr über ein regelmäßiges Einkommen, das so hoch war wie das eines Oberregierungsrates. Bereits ein knappes Jahr später, im Januar 1934, als Bayern zusammen mit den übrigen deutschen Ländern seine letzten Hoheitsrechte auf das Reich übertragen und den Landtag auflösen mußte, saß Reichharts oberster Dienstherr in Berlin: der Reichsjustizminister – und über diesem der Führer und Reichskanzler Adolf Hitler.

Reichhart nutzte die Gunst der Stunde. Er forderte einen neuen Vertrag, verbunden mit einer abermaligen Erhöhung seiner Bezüge. In dem Vertrag vom 18. Januar 1934 wurde das Jahreseinkommen des Scharfrichters auf 3720 Reichsmark festgeschrieben, eine Summe, die in monatlichen Teilbeträgen von je 310 Mark ausbezahlt wurde.

Reichhart brauchte sich nicht mehr um Nebentätigkeiten zu bemühen, um seinen Lebensunterhalt und den seiner Familie zu verdienen. Zwar lebte seine Frau mit den Kindern nach wie vor getrennt von ihrem Mann, doch der bayerische Scharfrichter blieb

weiterhin vor dem Gesetz verheiratet und erfüllte gegenüber der Familie getreulich seine finanziellen Verpflichtungen. Die Trennung von Frau und Kindern war ihm aber offensichtlich nicht allzu schwer gefallen, sonst hätte er sich nicht so leicht mit einer anderen getröstet, die mit ihm zusammen in Deisenhofen lebte.
Reichhart war, abgesehen von einer gewissen Gefühlskälte, ohne die er seinen Beruf wohl gar nicht hätte ausüben können, eine gespaltene Persönlichkeit. Im Grunde seines Herzens ein biederer Mann, zeigte er sich auf der anderen Seite als unsteter, eitler und unsolider Mensch, der sich bald als Fuhrwerksbesitzer oder Gastwirt, bald als Vertreter oder Hundehändler in den Randzonen der Gesellschaft bewegte. Dazu besaß er die typischen Eigenschaften des deutschen Kleinbürgers: anpassungsbereit, obrigkeitshörig und immer von der Angst verfolgt, nicht anerkannt zu werden oder ins materielle Abseits zu geraten.
Aus diesem Grund war er auch einer der typischen Anhänger der Hitlerpartei. Erst der nationalsozialistische Staat, der aufgrund seiner Ideologie mit Todesurteilen gegen Gewalt- und Sittlichkeitsverbrecher rasch bei der Hand war, hatte die Voraussetzungen geschaffen, daß Reichhart schon bald sein blutiges Amt in großem Ausmaß ausüben konnte. Es kann kein Zweifel bestehen, daß er sich bewußt in den Dienst des NS-Regimes gestellt hat, und zwar sowohl aus Überzeugung als auch aus materiellen Gründen, ohne freilich zu ahnen, daß er sich damit zum Gehilfen eines verbrecherischen Unrechtsstaates machen würde.
Zunächst waren seine Todeskandidaten noch keine politischen Opfer. Es waren gemeine Raubmörder oder Sexualtäter, Verbrecher, die in der Zeit der Weimarer Republik unter Umständen zu lebenslangen Zuchthausstrafen begnadigt worden wären, an denen nun aber der NS-Staat unnachsichtig die Todesstrafe vollzog. Ein Beispiel dafür ist der Fall Anton Landstorfer.
Im Juli 1936 war Johann Reichhart mit seiner Fallschwertmaschine ein zweites Mal nach Regensburg gerufen worden. Er sollte das Todesurteil an Anton Landstorfer, dem Anführer einer berüchtigten Verbrecherbande, vollstrecken. Jener Anton Landstorfer und seine Komplizen hatten im Bereich des ehemaligen Bezirksamtes Kötzting zwischen Geiselhöring und Furth im Wald die Bevöl-

kerung jahrelang mit einer Serie von Straftaten in Angst und Schrecken versetzt.
Das „Markenzeichen" der Landstorfer-Bande war eine besonders heimtückische Vorgehensweise: Vor ihren Einbruchsdiebstählen kundschafteten sie das jeweilige Dorf sorgfältig aus. Dann legte eines der Bandenmitglieder in einem Teil des Dorfes Feuer. Wenn dann die Dorfbewohner zusammenliefen, um das Feuer zu löschen, brach Anton Landstorfer in das zuvor ausgesuchte Gebäude ein – meistens Kramerläden oder Gastwirtschaften – und nahm alles mit, was ihm wertvoll erschien. Wiederholt kam es trotz des Feueralarms zu Begegnungen mit dem einen oder anderen Hausbewohner. Der nur 1,56 Meter große Landstorfer ging dabei äußerst brutal vor. So hatte er stets eine scharf geladene Pistole dabei und ein feststehendes Messer.
Im Dorf Altrandsberg sorgte dann die schwerste Untat der Bande für großes Aufsehen. Auf dem Heimweg vom Wirtshaus war der 17jährige Knecht der Roßweidmühle, Eduard Santl, erschossen worden. Zunächst stand ein junger Altrandsberger in Verdacht und kam dafür sogar einige Wochen in Untersuchungshaft.
In Wirklichkeit war Anton Landstorfer der Mörder. Später stellte sich heraus, daß er und sein Komplize Josef Laumer es bereits im Februar 1933 auf die Brieftasche des reichen Viehhändlers und Besitzers der Roßweidmühle, Fritz Eckl, abgesehen hatten. Sie beschlossen, den Viehhändler auf seinem Heimweg vom Wirtshaus umzubringen und auszurauben. Zwei Versuche schlugen fehl. Als sie dann am 26. März 1933 gegen 21 Uhr von ihrem Versteck aus einen Mann in Richtung Roßweidmühle gehen sahen, traten sie ihm auf einem Feldweg entgegen. Landstorfer, der den Viehhändler nicht näher kannte, hatte mit seinem Komplizen vereinbart, er würde erst schießen, wenn ihm dieser durch ein Zeichen zu verstehen gebe, daß es sich bei dem nächtlichen Heimkehrer tatsächlich um den erwarteten Viehhändler handle. Nachdem das verabredete Zeichen von dem mit einer Schrotflinte bewaffneten Laumer erfolgt war, riß Landstorfer seine Pistole aus der Tasche und schoß dem Mann mitten in die Brust. Kaum war das tödlich getroffene Opfer verröchelt, bemerkte der Komplize seinen Irrtum, meinte aber nur lakonisch: „Sakra, dös war der Verkehrte."

Obwohl wegen der Brandstiftungen im Zusammenhang mit den Einbrüchen die für die damaligen Verhältnisse ungewöhnlich hohe Summe von 5000 Reichsmark als Belohnung ausgesetzt war, fühlten sich die Verbrecher sicher. Sie raubten und brandschatzten weiter.
Doch der Krug geht so lange zum Brunnen, bis er bricht. Dieses altes Sprichwort galt auch für Anton Landstorfer, der nach einem Einbruch bei einem Kaufmann in Martinsbuch bei Geiselhöring endlich von der Polizei gefaßt werden konnte. Im Lauf der Vernehmung gab er nicht nur seine Beteiligung an über 130 Straftaten zu, er bekannte sich auch zu dem Mord an Eduard Santl. In der Hoffnung, mit einer Zuchthausstrafe davonzukommen, lieferte er der Justiz auch die Namen seiner Mittäter, die größtenteils im Bereich des Bezirksamtes Kötzting zu Hause waren und dort überwiegend als biedere Bürger galten.
Nach einem über einwöchigen Prozeß verkündete das Schwurgericht Regensburg am 23. Dezember 1935 die Urteile über die Bandenmitglieder. Anton Landstorfer wurde zum Tode verurteilt. Seine Komplizen wurden mit Zuchthaus bis zu 15 Jahren bestraft. Adolf Hitler lehnte das Gnadengesuch Landstorfers ab, und der Verurteilte wurde am 29. Juli 1936 um 4.50 Uhr morgens im Hof des Landgerichtsgefängnisses Regensburg von Johann Reichhart mit der Guillotine geköpft. Es war die letzte Hinrichtung in Regensburg, die mit dem Fallbeil vollzogen wurde.
Ein Jahr zuvor hatte Reichhart im Hof der Amberger Fronfeste einen dreifachen Mörder mit der Guillotine geköpft. Der 25jährige Schreiner Ludwig W. hatte seine 79jährige Tante, deren 44jährige Tochter und den 17jährigen Enkel ermordet. Er wurde ebenfalls zum Tode durch das Fallbeil verurteilt.
Wie Norman Dankerl in seinem „Lesebuch für Amberger" schildert, fand die Hinrichtung am Morgen des 18. September 1935 unter Ausschluß der Öffentlichkeit statt. Trotzdem blieb den Ambergern nicht verborgen, was sich hinter den Mauern der Fronfeste vollzog. Die Arme-Sünder-Glocke, die heute im Amberger Heimatmuseum zu besichtigen ist, kündete von dem schaurigen Akt.

NEUE „RICHTLINIEN FÜR SCHARFRICHTER“

Mit dem NS-Regime hatte sich der Scharfrichter Reichhart rasch arrangiert. Vorbei waren die Zeiten, in denen er immer wieder bei seiner vorgesetzten Dienststelle um eine finanzielle Nachbesserung betteln mußte. Der Scharfrichter des NS-Staates brauchte sich nicht mehr verstecken oder gar beleidigen lassen. Er war ein gefürchteter, aber gleichzeitig in der Öffentlichkeit respektierter Mann, dessen Aufgabe es war, die „im Namen des Deutschen Volkes“ gefällten Todesurteile zu vollziehen.

Schon ab dem 1. September 1933 hatte er verschiedenen Untergliederungen der NSDAP angehört, so der NSKK (Nationalsozialistisches Kraftfahr-Korps), der NSKOV (Nationalsozialistische Kriegsopferversorgung), der NSV (Nationalsozialistische Volkswohlfahrt) und der DAF (Deutsche Arbeitsfront).

Innerhalb des NSKK hatte Reichhart bald Freunde gefunden. In deren Kreis erwachte wieder der alte Geltungsdrang. Wie es in „Kameradenkreisen“ nicht unüblich war, befand sich unter ihnen ein Spitzel der Gestapo (Geheime Staatspolizei), der Reichharts Vorgesetzten berichtete, daß der Nachrichter laufend gegen die Verschwiegenheitspflicht verstoße. Reichhart erhielt daraufhin von dem zuständigen Oberstaatsanwalt einen scharfen Verweis. Bei dieser Gelegenheit wurde auch offenkundig, daß der Scharfrichter des NS-Staates sich zwar nach außen als überzeugter Nationalsozialist gab, selbst aber noch nicht Mitglied der Partei war.

Im April 1937 stellte er schließlich den von ihm längst erwarteten Aufnahmeantrag an die NSDAP. Er beruhigte damit all jene, die an seiner Zuverlässigkeit und Ergebenheit gegenüber Führer und Staat zweifelten. Am 1. Mai 1937, dem Tag der Arbeit, heftete ihm sein Dienstvorgesetzter das Parteiabzeichen an das Revers seiner Anzugjacke und reichte ihm nach langer Zeit wieder die Hand. Jetzt waren sie ja Parteigenossen geworden.

Wenige Monate später wurden durch eine Rundverfügung des Reichsministers der Justiz vom 25. August 1937, die von einem gewissen Dr. Roland Freisler unterzeichnet war, die Zuständigkeiten der Scharfrichter neu festgeschrieben. Die neuen „Richtlinien für Scharfrichter“ (Aktenzeichen 1418-IIIa $\underline{4}$ 953) bestimmten für das ganze Reichsgebiet drei Personen als Scharfrichter: Ernst Reindel, Besitzer einer Abdeckerei in Gommern (Bezirk Magdeburg), Friedrich Hehr, Tagelöhner aus Hannover, und Johann Reichhart, Fuhrwerksunternehmer und Metzger aus München.

Mit den letzten Hinrichtungen in Regensburg, Amberg und Landshut war in diesen bayerischen Städten die blutige Spur der zivilen und ordentlichen Gerichtsbarkeit zu Ende gegangen. Nach den neuen, reichseinheitlich geltenden Richtlinien mußten alle Todesurteile in Bayern in der zentralen Hinrichtungsstätte im Gefängnis München-Stadelheim vollstreckt werden. Neben München war Johann Reichhart auch zuständig für die Hinrichtungen in Dresden, Stuttgart und Weimar. Für seine Einsätze außerhalb Münchens mußte er die im Gefängnis München-Stadelheim gelagerte Guillotine mitbringen. Die nationalsozialistische Gerichtsmaschinerie war in Schwung gekommen, die Vollstreckungsaufträge häuften sich.

Neben Reichhart bekamen auch die beiden anderen Scharfrichter des Hitler-Reiches fest umgrenzte Gebiete zugewiesen: Sofern im Einzelfall nicht anders bestimmt, wurden an den Scharfrichter Ernst Reindel die Hinrichtungen in den Vollzugsanstalten Berlin-Plötzensee, Breslau und Königsberg übertragen. Der Scharfrichter Hehr mußte die Todesurteile in Butzbach, Hamburg-Stadt, Hannover und Köln vollziehen. Das in Butzbach befindliche Fallbeil sollte in die Vollzugsanstalt Frankfurt a. M.-Preungesheim verlegt werden.

Diese Einteilung wurde durch eine Rundverfügung des Reichsjustizministers vom 19. Februar 1939 (Aktenzeichen 4417–III a $\underline{4}$ 318/39) nochmals etwas abgeändert. Vom Einsatzbereich Reichharts, zu dem mit dem 1938 erfolgten Anschluß Österreichs auch Wien gekommen war, wurde Weimar abgetrennt und der Zuständigkeit von Friedrich Hehr (Hamburg-Stadt, Köln und Wolfenbüttel) zugeordnet. Dafür übernahm Reichhart mit Frankfurt a. M.-Preungesheim noch den gesamten hessischen Bereich.

Bislang hatte eine Hinrichtung mit dem Fallbeil etwa drei bis vier Minuten gedauert. Reichhart, der wohl mit Recht von sich

Johann Reichhart trat am 1. Mai 1937 in die NSDAP ein und wird damit endgültig zum Scharfrichter des NS-Regimes.

behauptet hatte, der schnellste Scharfrichter zu sein, wollte die Zeit, die er für eine Enthauptung benötigte, abermals verkürzen. Um den Delinquenten vor allem die als besonders qualvoll empfundene Wartezeit während des Anschnallens auf dem Kippbrett zu ersparen, ließ er die von ihm verwendete Guillotine von einem Tischler umbauen und das Kippbrett durch eine unbewegliche Bank ersetzen. Der mit Reichharts „Kriminalpatentzange" gefesselte Delinquent wurde dann von den Gehilfen mit zwei blitzschnellen Handgriffen über diese Bank gelegt und dort kurz festgehalten, bis das Fallbeil herabgesaust war. Das alles dauerte nach Reichharts eigenen Angaben nur noch drei bis vier Sekunden.

Die bis dahin übliche schwarze Augenbinde, die dem Delinquenten vor der Hinrichtung angelegt wurde, schaffte Reichhart ebenfalls ab. Er hatte nämlich beobachtet, daß viele Verurteilte in ihrer nervlichen Anspannung die Augenbinde mit der Schulter abstreiften und dann angsterfüllt die vor ihnen aufragende Guillotine anstarrten. Auf Anordnung Reichharts mußte einer der Gehilfen dem Delinquenten mit einer Hand die Augen zuhalten, während dieser vom anderen über die Richtbank gelegt wurde.

Pannen gab es fast nie. Der einzige Zwischenfall während Reichharts langjähriger Tätigkeit als Scharfrichter sollte sich am 7. März 1940 in Wien ereignen. Zur Hinrichtung eines Raubmörders hatte das Reichsjustizministerium eine neue Guillotine nach Wien geschickt, die im Zuchthaus Tegel von dem dortigen Werkmeister konstruiert worden war. Reichhart prüfte das Gerät und äußerte seine Bedenken, weil es seiner Meinung nach Mängel aufwies. Trotzdem wurde der Hinrichtungstermin auf 6 Uhr früh festgesetzt. Als der Delinquent auf der Richtbank festgeschnallt lag und Reichhart den Auslösehebel zog, fiel das Beil zwar herab, blieb jedoch eine Handbreit über dem Nacken des Delinquenten in den seitlichen Gleitschienen stecken. Es herrschte lähmendes Entsetzen. Reichhart faßte sich als erster. Auf sein Zeichen hin spannte ein Gehilfe das Seil, das Beil wurde vorsichtig nach oben gezogen. Erst beim zweiten Versuch trennte es das Haupt vom Rumpf. Reichhart zitterte damals an allen Gliedern und litt anschließend mehrere Wochen an nervösen Störungen.

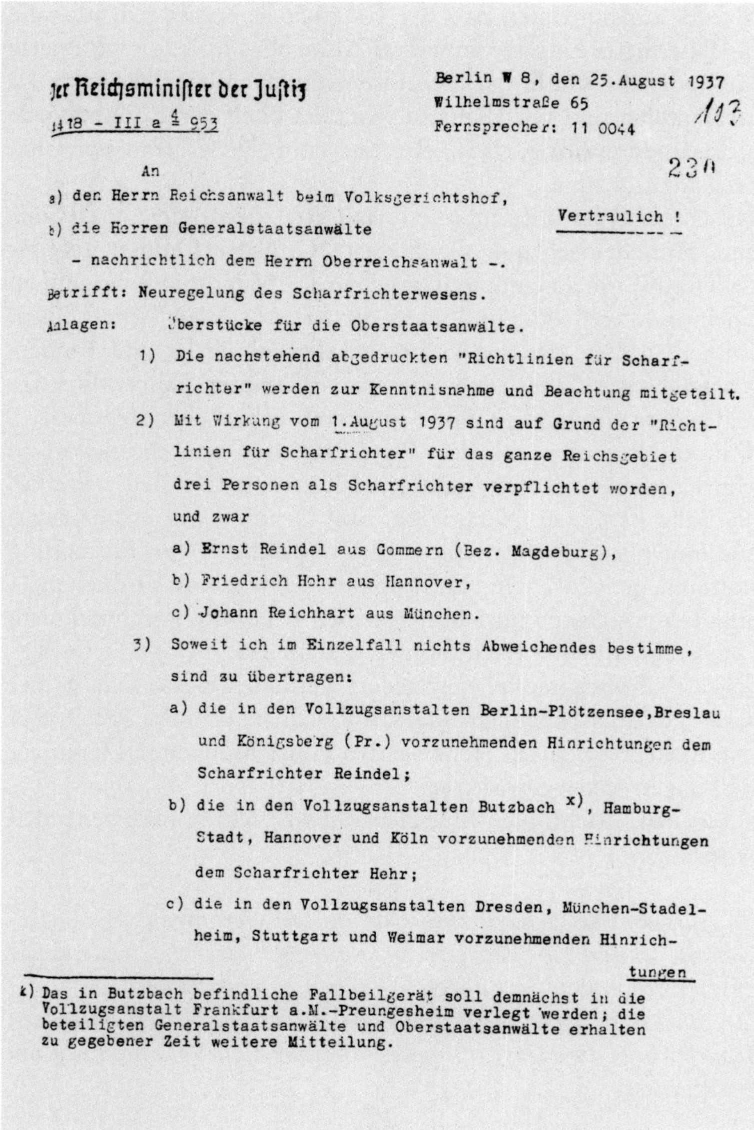

[D]er Reichsminister der Justiz
4418 - III a 4 953

Berlin W 8, den 25. August 1937
Wilhelmstraße 65
Fernsprecher: 11 0044

113

230

An

a) den Herrn Reichsanwalt beim Volksgerichtshof,

b) die Herren Generalstaatsanwälte

Vertraulich !

– nachrichtlich dem Herrn Oberreichsanwalt –.

Betrifft: Neuregelung des Scharfrichterwesens.

Anlagen: Überstücke für die Oberstaatsanwälte.

1) Die nachstehend abgedruckten "Richtlinien für Scharfrichter" werden zur Kenntnisnahme und Beachtung mitgeteilt.

2) Mit Wirkung vom 1. August 1937 sind auf Grund der "Richtlinien für Scharfrichter" für das ganze Reichsgebiet drei Personen als Scharfrichter verpflichtet worden, und zwar

a) Ernst Reindel aus Gommern (Bez. Magdeburg),

b) Friedrich Hehr aus Hannover,

c) Johann Reichhart aus München.

3) Soweit ich im Einzelfall nichts Abweichendes bestimme, sind zu übertragen:

a) die in den Vollzugsanstalten Berlin-Plötzensee, Breslau und Königsberg (Pr.) vorzunehmenden Hinrichtungen dem Scharfrichter Reindel;

b) die in den Vollzugsanstalten Butzbach x), Hamburg-Stadt, Hannover und Köln vorzunehmenden Hinrichtungen dem Scharfrichter Hehr;

c) die in den Vollzugsanstalten Dresden, München-Stadelheim, Stuttgart und Weimar vorzunehmenden Hinrichtungen

x) Das in Butzbach befindliche Fallbeilgerät soll demnächst in die Vollzugsanstalt Frankfurt a.M.-Preungesheim verlegt werden; die beteiligten Generalstaatsanwälte und Oberstaatsanwälte erhalten zu gegebener Zeit weitere Mitteilung.

Mit der von Dr. Freisler unterzeichneten Rundverfügung vom 25. August 1937 wurden für das ganze Deutsche Reich neue „Richtlinien für Scharfrichter" erlassen.

Mit der zunehmenden Zahl der Todesurteile erwies sich auch die für Reichharts Einsätze außerhalb Münchens bislang praktizierte Methode, die Guillotine per Eisenbahn zu verschicken, als zu umständlich und vor allem zu teuer. Es blieb der Justizbehörde nichts anderes übrig, als für Reichhart ein eigenes Transportfahrzeug anzuschaffen.
Mit einem Opel Blitz fuhr er fortan kreuz und quer durch Süd- und Mitteldeutschland, die zerlegte Guillotine hinten auf der Ladefläche, um an ein und demselben Tag Vater und Sohn und an einem anderen Bruder und Schwester zu enthaupten. Unter seinem Fallbeil starben gemeine Verbrecher, Sexualmörder und Kinderschänder, später aber auch Widerstandskämpfer, Fahnenflüchtige und andere unschuldige Opfer eines verbrecherischen Regimes.
Während Reichhart mit dem Opel Blitz von Hinrichtungsort zu Hinrichtungsort fahren konnte, mußten seine Gehilfen weiterhin die Bahn benützen. Nachrichter und Gehilfen war es untersagt, zusammen zu reisen, in der Stadt, in welcher eine Hinrichtung stattfand, gemeinsam in ein Gasthaus zu gehen, und sie durften 24 Stunden vor einer Hinrichtung keinen Alkohol zu sich nehmen. Die Nacht vor einer Exekution verbrachten sie im Gefängnis. Jegliches Aufsehen mußte vermieden werden. Ob sie sich immer daran gehalten haben, ist fraglich. Reichhart erzählte später, daß sein Kollege Friedrich Hehr bei den Hinrichtungen in Hannover stets angetrunken gewesen sei.
Die neuen „Richtlinien für Scharfrichter" hatten nachstehenden Wortlaut:

§ 1

(1) Aufgabe des Scharfrichters ist es, auf Verlangen der Justizbehörde innerhalb des ganzen Reichsgebietes die Todesstrafe durch Enthaupten oder durch Erhängen zu vollziehen.
(2) Die Reichsjustizverwaltung behält sich vor, den einzelnen Scharfrichter die Hinrichtungen in bestimmten Vollzugsanstalten zuzuweisen.

§ 2

Der Scharfrichter muß jederzeit zur Dienstleistung zur Verfügung stehen; er ist verpflichtet, die ihm erteilten Aufträge pünktlich auszuführen und den im Zusammenhang mit einem Vollstreckungs-

auftrag gegebenen Weisungen Folge zu leisten. Sofern er sich länger als für 24 Stunden von seinem Wohnort entfernt oder durch Krankheit oder andere Umstände an der Dienstleistung verhindert ist, hat er dies dem für seinen Wohnsitz zuständigen Oberstaatsanwalt sofort anzuzeigen.

§ 3

Der Scharfrichter wird von den Vollstreckungsbehörden zur Dienstleistung über den für seinen Wohnsitz zuständigen Oberstaatsanwalt angefordert. Die Gehilfen werden durch den Scharfrichter in unauffälliger Weise benachrichtigt.

§ 4

Der Scharfrichter ist verpflichtet, über die ihm erteilten Vollstreckungsaufträge und deren Erledigung vor und nach der Vollstreckung strengstes Stillschweigen zu bewahren und das Gleiche auch seinen Gehilfen zur Pflicht zu machen. Er hat sich ferner vor, bei und nach der Vollstreckung in jeder Beziehung einwandfrei zu verhalten und bei der Hinrichtung in einer dem Ernst der Handlung entsprechenden Kleidung zu erscheinen. Die Reichsjustizverwaltung behält sich vor, wegen der Kleidung nähere Weisungen zu erteilen.

Diese Vorschrift war bereits in einer alten Kleiderordnung früherer Scharfrichter festgelegt. Der „Chef“ hatte einen schwarzen Gehrock anzulegen und einen schwarzen Zylinder zu tragen, für die Gehilfen genügte ein dunkler Anzug. Im Laufe der Jahre lockerte sich die Kleidervorschrift von ganz alleine. Niemand erhob Einwände dagegen, wenn der Scharfrichter im schwarzen Anzug seine Arbeit verrichtete. Das entsprach der „Würde“, die bei einer Hinrichtung der Scharfrichter zu wahren hatte. „Bei der Hinrichtung ist im Anzug und äußeren Erscheinungsbild die Würde an den Tag zu legen, die das Amt erfordert“. So lautete die Präambel zur Kleiderordnung.

§ 5

Der Scharfrichter hat die zu seiner Unterstützung nötigen Gehilfen, deren Zahl auf drei festgesetzt wird, selbst zu stellen: er ist für deren Wohlverhalten und angemessene Kleidung verantwortlich.

Die Wahl der Gehilfen bedarf der Genehmigung des für den Wohnsitz des Scharfrichters zuständigen Oberstaatsanwalts.

§ 6

(1) Der Auf- und Abbau des Richtgeräts ist Sache der Vollzugsanstalt.
(2) Der Scharfrichter ist verpflichtet,
a) vor jeder Hinrichtung das Richtgerät auf seine Brauchbarkeit zu prüfen;
b) nach jeder Hinrichtung das Richtgerät und den Richtplatz zu säubern; die dazu erforderlichen Gerätschaften werden ihm von der Vollzugsanstalt zur Verfügung gestellt;
c) den Hingerichteten einzusargen.

§ 7

(1) Als Vergütung für die Vollstreckungen und die im § 6 Absatz 2 näher bezeichneten Leistungen erhält der Scharfrichter einen Beitrag von 3000 RM (dreitausend Reichsmark) jährlich, der in monatlichen Teilbeträgen von 250 RM am Ersten des Monats im voraus bezahlt wird.
(2) Ferner erhält er und jeder seiner Gehilfen für jede Hinrichtung eine Sondervergütung von 60 RM (in Worten: sechzig Reichsmark). Die Sondervergütung erhöht sich auf 65 RM (in Worten: fünfundsechzig Reichsmark), wenn die Hinrichtung an einer Vollzugsanstalt, die mehr als 300 km vom Wohnsitz des Scharfrichters entfernt liegt, vorzunehmen ist.
(3) Tage- und Übernachtungsgelder werden nicht gewährt. Dagegen werden, wenn die Hinrichtung außerhalb des Wohnsitzes des Scharfrichters stattfindet, die Fahrtkosten 3. Klasse, einschließlich etwaiger Eil- und Schnellzugszuschläge, erstattet. Zur Benutzung von Schlafwagen (Liegewagen) bedarf der Scharfrichter in jedem einzelnen Fall die Genehmigung des für seinen Wohnsitz zuständigen Oberstaatsanwalts. Befindet sich der Scharfrichter bei Eingang eines Vollstreckungsauftrags aus außerdienstlichem Anlaß nicht an seinem Wohnsitz, so wird der hierdurch entstehende Mehraufwand an Fahrtkosten nicht erstattet.
(4) Abs. 3 gilt für die Gehilfen entsprechend.
(5) Übernachten der Scharfrichter und seine Gehilfen in der für die Hinrichtung bestimmten Vollzugsanstalt, so brauchen sie hier-

für ein Entgelt nicht zu entrichten. Für gewährte Beköstigung haben sie die tatsächlich entstandenen Auslagen zu erstatten.
(6) Sonstige Auslagen werden dem Scharfrichter und seinen Gehilfen nur insoweit erstattet, als sie von dem für den Wohnsitz des Scharfrichters zuständigen Oberstaatsanwalt oder von dem Leiter der Vollstreckungsbehörde ausdrücklich genehmigt worden sind.
(7) Der Scharfrichter ist berechtigt, einem sonstigen Erwerb nachzugehen, soweit seine Scharfrichtertätigkeit dadurch nicht beeinträchtigt wird.

§ 8

Wird ein Vollstreckungsauftrag zurückgezogen, so bestimmt der Reichsminister der Justiz nach billigem Ermessen, in welcher Höhe die im § 7 Abs. 2 vorgesehene Sondervergütung zu zahlen ist.

§ 9

(1) Die feste Vergütung (§ 7 Abs. 1) wird von der für den Wohnsitz des Scharfrichters zuständigen Oberjustizkasse ausgezahlt.
(2) Die Sondervergütung (§ 7 Abs. 2), die Fahrtkosten (§ 7 Abs. 3,4) und die Auslagen (§ 7 Abs. 6) werden von dem Leiter der Vollstreckungsbehörde festgesetzt und dem Scharfrichter sowie seinen Gehilfen je gesondert unmittelbar zur Zahlung angewiesen.
(3) Der für den Wohnsitz des Scharfrichters zuständige Oberstaatsanwalt kann dem Scharfrichter und seinen Gehilfen auf die nach Abs. 2 zu zahlenden Beträge einen Vorschuß anweisen, der vom Leiter der Vollstreckungsbehörde entsprechend zu verrechnen ist.

§ 10

(1) Die Reichsjustizverwaltung kann jederzeit erklären, daß sie die Dienste des Scharfrichters nicht weiter in Anspruch nehmen wolle. Wird die Abgabe dieser Erklärung nicht durch einen Grund veranlaßt, der in der Person des Scharfrichters liegt, so zahlt die Reichsjustizverwaltung die feste Vergütung (§ 7 Abs. 1) noch sechs Monate weiter.
(2) Der Scharfrichter kann jederzeit den Wunsch aussprechen, nach Ablauf einer Frist von drei Monaten seine Tätigkeit zu beenden.

§ 11

Der Rechtsweg wird für die Verfolgung von Ansprüchen aus diesen Richtlinien ausgeschlossen.

Am 5. Dezember 1938 saß Johann Reichhart seit langem wieder einmal in einem Zug und nicht in seinem Opel Blitz. Für seinen Einsatz im erst kürzlich an das Deutsche Reich angeschlossenen Österreich durfte er den Schnellzug München – Wien benutzen, denn im Gerichtsgefängnis von Wien stand ein eigene Guillotine zur Verfügung. Mit Bedacht hatte er sich ein leeres Zugabteil ausgesucht, um allein zu sein. Er mußte seine Gedanken ordnen, die sich nur mit der einen Frage befaßten, woher ihm der Name Marek so geläufig sei. Die Justizbehörde hatte ihn nach Wien beordert, um dort eine vierfache Mörderin zu enthaupten: Martha Marek.

Daß sein erstes Hinrichtungsopfer in Österreich ausgerechnet eine Frau sein mußte, bereitete ihm Ungemach. Nur zu gut erinnerte er sich daran, wie er seinerzeit in München-Stadelheim zum ersten Mal eine Frau auf der Guillotine liegen gesehen hatte. Er dachte an Erna Hasselbeck.

Reichhart kannte Wien von einigen privaten Besuchen her. Er liebte die Wiener Schrammelmusik und verehrte den „Walzerkönig“ Johann Strauß. Auch den Wiener „Schmäh“ und die Wiener Gastlichkeit hatte er bei einem Haferl „Braunem“ mit Schlagobers schätzen gelernt. Aber nun fuhr er in die Donaumetropole nicht der Musik und der Gemütlichkeit wegen, sondern um einen Menschen zu töten.

In Traunstein stiegen mehrere Personen zu. Reichhart empfand dies als Störung. Er beteiligte sich nicht an der Unterhaltung, die die Mitreisenden führten, obwohl sein Gegenüber, eine charmante Mittdreißigerin, einige Male versuchte, ihn aus der Reserve zu locken. Während der gesamten Fahrt bis Wien blieb er zugeknöpft.

Auf dem Weg zur Strafanstalt fiel Reichhart plötzlich ein, woher er den Namen Martha Marek kannte. Schon 1927 war sie angeklagt gewesen, zusammen mit ihrem Ehemann Emil Marek einen Versicherungsbetrug begangen zu haben. Weltweit berichtete die

Presse damals darüber und auch über den Freispruch, den ein Wiener Gericht mangels Tatnachweises verkündet hatte.
Die 29jährige Frau war mit dem um sechs Jahre jüngeren Emil Marek die Ehe eingegangen mit der Erwartung, der Mann könne ihr ein sorgenfreies Dasein ermöglichen. Emil Marek hatte den Kopf voller Ideen. Diese, in die Tat umgesetzt, ließen sie auf materiellen Wohlstand und persönliches Ansehen hoffen. Sie selber besaß zwar ein großes Haus, im Portemonnaie herrschte jedoch meistens Ebbe.
Martha, hübsch, gepflegt und immer gut gekleidet, gierte danach, vom Kuchen des Lebens nur die besten Stücke zu essen. Sie liebte es, Männerblicke auf sich zu ziehen und war geschmeichelt, wenn ihrem Mann die Eifersucht im Gesicht stand. Ihren ganzen Lebensstil hatte sie darauf ausgerichtet, Geld auszugeben, und zwar erheblich mehr, als der Mann imstande war heranzuschaffen. Ein nicht unerheblicher Schuldenberg war die Folge ihrer Verschwendungssucht. Da verfiel die exzentrische Frau auf die Idee, einen Versicherungscoup einzufädeln. Emil als das ausersehene Opfer weihte sie in den verbrecherischen Plan ein: Er solle eine hohe Lebensversicherung abschließen. 100 000 Dollar auf den Ablebens- und 400 000 Dollar auf den Invaliditätsfall. Um die Versicherungsgesellschaft nicht argwöhnisch werden zu lassen, müsse er in den Aufnahmeantrag ein falsches Geburtsdatum hineinschreiben und sich 10 Jahre älter machen. Ein Vollbart könne das tatsächliche Alter überdecken, er dürfe sich deshalb nicht mehr rasieren. Beruflich und gesellschaftlich brauche er eine Position, die es rechtfertige, hohe Versicherungsbeiträge zu zahlen. „Wenn alles vorbereitet ist, sorge ich dafür, daß du Invalide wirst und das Versicherungsgeld kassieren kannst", sagte sie zu Emil, der aufbegehrte: „Du bist ja deppert! Wie willst du's denn anstellen, daß ich plötzlich Invalid' werd'? Das mußt mir schon näher erklären."
Martha Marek vertröstete ihren Mann von Mal zu Mal, wenn dieser nach Einzelheiten fragte. Stattdessen drängte sie darauf, er solle endlich die Versicherungssache erledigen. Damit haperte es zunächst noch. Emils Flaumhaar brauchte geraume Zeit, um sich zu einem Vollbart auszuwachsen. Als ein solcher endlich sein Gesicht zierte, der Mann aber immer noch Skrupel hatte, Marthas Plan zu

folgen, verweigerte sie sich im Bett. Die sexuelle Abstinenz brachte den jungen Mann, der seiner Frau mit Haut und Haaren verfallen war, fast um den Verstand. Um zu verhindern, daß die heißblütige und geliebte Gattin sich anderen Männern zuwende, willigte er schließlich ein, ihr den verbrecherischen Wunsch zu erfüllen.

Emil Marek bestellte einen Versicherungsagenten in die Wohnung. Gemeinsam mit Martha regelte er die zum Versicherungsabschluß nötigen Formalitäten. Der Vertreter hatte sich über das Alter und die soziale Stellung seines Versicherungsnehmers täuschen lassen, der sich als Ingenieur und Kaufmann ausgab. Letztendlich war es dem Agenten nur darauf angekommen, eine hohe Abschlußprämie einzuheimsen.

Der Versicherungsagent hatte kaum die Tür hinter sich zugemacht, da umarmte Martha ihren Emil und bugsierte ihn ins Schlafgemach. Dort bereitete sie ihm ein Vergnügen, wie es der junge Mann bis dahin noch nie erlebt hatte. Martha nutzte den Höhenflug seiner Gefühle schamlos aus. Sie ließ jetzt ungeniert die Katze aus dem Sack: „Du hast doch immer wissen wollen, wie du Invalid' werden kannst. Morgen ist der entscheidende Tag. Du wirst dir ein Bein abhacken. Ich versprech' dir, es wird nicht wehtun, ich habe ein Schmerzmittel besorgt, das nimmst du vorher ein. Wenn es dann vorbei ist, wird es aussehen, als wäre es ein Unfall gewesen."

Emil würgte es, er übergab sich in das Bett hinein. Dann sprang er hoch und griff die Frau an der Gurgel. Er schüttelte sie kräftig durch und schrie: „Bist du vom Teufel besessen? Was verlangst du von mir? Soll ich mich selber zum Krüppel machen?" Zornbebend rannte er aus dem Schlafzimmer. Martha, eiskalt berechnend und unerbittlich, rief ihm hinterher: „Willst als Invalid' mit mir weiterleben oder willst sterben?" Emil verstand die Warnung und lenkte ein, als Martha noch drohte, ihn sogleich zu verlassen, wenn er sich ihren Wünschen nicht beuge.

Am nächsten Tag verabreichte Martha ihrem Mann Morphium. Dann gingen beide hinters Haus, wo Holz zum Zerkleinern aufgestapelt war. Emil legte sein linkes Bein auf den Holzbock, Martha reichte ihm das Beil. Ein einziger Schlag genügte nicht,

den Unterschenkel abzutrennen. Erst nach weiteren drei kräftigen Hieben hing er baumelnd am Bein. Ohnmächtig brach der Mann zusammen. Blut schoß im hohen Bogen aus der Schlagader. Martha, Verbandszeug griffbereit, leistete Erste Hilfe, rief nach der im Haus wohnenden Untermieterin und beauftragte diese, den Arzt aus der Nachbarschaft herbeizuholen.
Im Krankenhaus mußte Emils Unterschenkel amputiert werden. Die Ärzte stellten fest, daß mehrere Schläge gegen das Bein geführt worden sein mußten, weil einige Wund- und Bruchstellen darauf hinwiesen. Beide Mareks behaupteten hingegen, dem Emil sei beim Holzhacken die Axt aus den Händen geglitten und habe die Verletzungen verursacht.
50 Zeugen wurden in dreizehn Verhandlungstagen aufgeboten, den Eheleuten Marek einen Versicherungsbetrug nachzuweisen. Zeugen änderten indes während der Verhandlung unverständlicherweise ihre vorher bei der Polizei gemachten belastenden Aussagen, Ärzte und Sachverständige wurden sich uneins in der Beurteilung des Falles, und Martha Marek bezauberte in aller Öffentlichkeit den jungen Arzt, der ihren Mann amputiert hatte. Während der Operation von mehreren Axthieben gesprochen zu haben, daran konnte er sich mit einem Male nicht erinnern.
Martha und Emil Marek verließen erhobenen Hauptes den Gerichtssaal. Sie hatten einen grandiosen Freispruch errungen.
Die Versicherungsgesellschaft zahlte jedoch im Wege eines Vergleichs an Stelle der vertraglich vereinbarten 400 000 Dollar nur 180 000 Schilling. Der Prozeß hatte bereits eine Unsumme verschlungen, und nach Befriedigung anderer Gläubiger verblieb den Mareks noch ein Rest von 35 000 Schilling. Damit fing Emil ein Fuhrgeschäft an, erlitt jedoch alsbald Schiffbruch und ging in Konkurs. Nach Abschluß des Insolvenzverfahrens blieb letztendlich noch die klägliche Summe von 15 000 Schilling übrig, mit denen sie in Algerien in dubiose Geschäfte einstiegen. Von gewiegten Gaunern um den Rest ihrer Habe geprellt, kehrten beide nach Wien zurück.
Emil Marek wurde am 3. August 1932 zu Grabe getragen. Ganz plötzlich war er verstorben. In einem Spital, das ihn drei Tage zuvor – mit Lähmungserscheinungen, Sprachstörungen und zum

Skelett abgemagert – aufgenommen hatte. Nach der ersten, krassen Fehldiagnose, „Blinddarmentzündung“, korrigierten sich die Ärzte zwei Tage später und konstatierten als Todesursache „Lungenentzündung“.
Martha Marek spielte die trauernde Witwe, brach am offenen Grab zusammen und ließ sich in ihrem Unglück und Schmerz bemitleiden. Es gab aber auch Personen, die bezeugten, daß Martha ihren Mann ständig betrogen hatte, ihn in die Ecke schob und ihm den baldigen Tod wünschte.
Noch im selben Jahr starb die neun Monate alte Ingeborg Marek. Abermals irrten die Ärzte mit ihrer Diagnose: „Erstickungstod nach schwerer Lungeninfektion“. Martha hatte das Kind wie ihren Mann mit Rattengift ermordet.
1934 starb Martha Mareks Erbtante, Susanne Löwenstein, nachdem sie an Haarausfall, Schluckbeschwerden und heftigen, blutigen Durchfällen gelitten hatte, nach ärztlicher Feststellung eines natürlichen Todes. Ihr gesamtes, nicht unbedeutendes Vermögen fiel der Nichte zu.
1936 erkrankte Felicitas Kittsteiner, Untermieterin bei Martha Marek. Schleichend war auch für sie der Tod gekommen. Auf dem Sterbebett klagte sie ihrem Sohn: „Immer wenn mir die Marek zu essen und trinken gibt, spüre ich hinterher eine starke Übelkeit. Sie wird mich doch nicht auch vergiften wie die anderen?“
Herbert Kittsteiner wandte sich an die Polizei. Ein Kriminalbeamter nahm sich der Angelegenheit an. Bald wußte er von den Todesfällen Emil und Ingeborg Marek und vom Ableben der Susanne Löwenstein. Menschen aus der Umgebung von Martha Marek deuteten vage an, daß es bei den Todesfällen nicht mit rechten Dingen zugegangen sein könne und wiesen gleichzeitig auf den Prozeß gegen die Mareks im Jahre 1927 hin. Daraufhin durchforstete der Kriminalbeamte das Pressearchiv seiner Dienststelle und trug alles zusammen, was er über die Mareks geschrieben fand. Das ausgewertete Pressematerial zeigte dem Beamten den Weg zum Versicherungsagenten, der die Lebensversicherung mit Emil Marek abgeschlossen hatte. Der Mann war inzwischen mit Martha Marek liiert. Mit seiner Hilfe hatte Martha für Felicitas Kittsteiner eine Lebensversicherung abgeschlossen und sich in der

Police für den Fall des Ablebens der Versicherungsnehmerin als Begünstigte eintragen lassen. Der Kriminalbeamte mußte dem Versicherungsmann lange ins Gewissen reden, ehe dieser sich dazu bereit erklärte, die seine Geliebte belastenden Aussagen zu machen.

Als ausreichend Beweise für den Verdacht vorlagen, ließ ein Ermittlungsrichter die Leiche Kittsteiner exhumieren. Tatsächlich ließ sich feststellen, daß die Frau mit Rattengift umgebracht worden war. Dieses war Anlaß genug, auch die Leichen von Emil und Ingeborg Marek sowie die von Susanne Löwenstein zu exhumieren. Bei allen dreien bestätigte sich: Tod durch Vergiftung mit ein und demselben Rattengift.

Die inzwischen 39jährige Martha Marek, immer noch eine sehr attraktive Frau mit dichtem rotblonden Haar und blauen Augen, die man in Wien bald nur noch „die Giftmischerin mit dem Engelsgesicht" nannte, wurde des vierfachen Mordes angeklagt. Als sie verhaftet wurde, saß sie seltsamerweise plötzlich im Rollstuhl, obwohl sie bei ihren ersten Vernehmungen noch eine quicklebendige Frau gewesen war. Während der Untersuchungshaft wurde sie ärztlich untersucht. Die Ärzte stellten tatsächlich eine Lähmung fest, hevorgerufen durch einen Rückenmarkschaden.

Zwanzig Tage lang wurde sie im Rollstuhl in den Gerichtssaal gefahren, wo sie unablässig ihre Unschuld beteuerte. Doch die Beweislast war erdrückend. Martha Marek wurde wegen vierfachen Giftmordes zum Tode verurteilt. Lebensgier, Raff- und Habsucht waren die Triebfeder zu ihren Verbrechen gewesen. Aus Erbschleicherei und um Versicherungsgelder zu kassieren, war sie zur Verbrecherin geworden. Ehemann und Tochter mußten sterben, weil sie ihren ausschweifenden amourösen Abenteuern im Wege standen.

Trotz ihrer furchtbaren Verbrechen war es zunächst keineswegs sicher, daß das ausgesprochene Todesurteil vollstreckt würde. Seit über dreißig Jahren war in Österreich keine Frau mehr hingerichtet worden. Schließlich war die Justizbehörde auch aufgrund der Tatsache, daß Martha Marek gelähmt im Rollstuhl saß, geneigt, die Vollstreckung auszusetzen. Nach dem Anschluß Österreichs aber befahl der Wiener Gauleiter, alle Todesurteile zu vollstrecken.

Johann Reichhart stand damit vor dem Problem, eine Gelähmte unter das Fallbeil zu bringen.
John F. Mortimer beschreibt in seinem Buch „Henker", wie Reichhart die schwierige Aufgabe meisterte: „Nachdem er im Gefängnis angekommen war, begab er sich sofort in den Hinrichtungsraum, wo seine beiden Gehilfen bereits auf ihn warteten. Ein schwerer gepolsterter Lehnstuhl stand bereit; der Henker nahm Platz und ließ sich von den beiden Männern vor die Guillotine setzen. Dann faßten diese den Stuhl an den Lehnen und kippten ihn vornüber. Johann Reichhart fiel mit dem Kopf vornüber, aber die Gehilfen packten ihn an den Armen, um den Sturz abzubremsen. Dieser Versuch wurde ein paarmal wiederholt. Dann nahm Reichhart ein Stück Kreide und markierte genau die Stelle, wo in einigen Stunden der Rollstuhl abgesetzt werden mußte, damit Martha Marek so fiel, daß ihr Nacken richtig unter dem Fallbeil lag."
Als dann am frühen Morgen des 6. Dezember 1938 die Wiener Nachrichtergehilfen die Delinquentin im Rollstuhl, in dem die Marek selbst im schwarzen Büßerhemd noch wie eine Königin thronte, zur Richtstätte brachten, geschah abermals etwas Merkwürdiges. Die Gelähmte strampelte plötzlich wie wild mit ihren Beinen. Sie wehrte sich verzweifelt und versetzte dem hinzugeeilten Reichhart einen kräftigen Tritt in den Bauch. Erst dann konnte sie von den Gehilfen überwältigt und auf die Richtbank gelegt werden. Über ihrem Nacken schloß sich der hölzerne Bügel.
Johann Reichhart griff zum Hebel. Das blitzende, scharfe Fallschwert sauste nieder, Martha Mareks Kopf fiel in die mit Sägespänen ausgelegte Blockkiste. Mit etlichen anderen war sich auch Johann Reichhart sicher, daß Martha Marek mit ihrer angeblichen Lähmung ein raffiniertes Täuschungsmanöver gelungen war, allerdings ihr letztes. Die Ärzte waren sich nicht einig. Einige erklärten, die Todesangst habe ihr die Beweglichkeit wiedergegeben.

Johann Reichhart war am späten Nachmittag des 6. Juni 1939 in Dresden angekommen. Im dortigen Zuchthaus sollte er am nächsten Tag einen Doppelmörder hinrichten. Beim Betreten des Anstaltsgebäudes überreichte ihm der diensthabende Justizwachtmeister an der Pforte eine Eildepesche aus München. Der Oberstaatsanwalt telegrafierte: „Vollstreckung in Dresden zurückstellen. Erwarte Sie noch heute Nacht in München-Stadelheim."
In der Strafanstalt München-Stadelheim hatten sich die Ereignisse überschlagen. Johann Strössenreuther, ein zum Tode verurteilter Kindermörder, drohte der Justiz durch die Maschen zu schlüpfen und auf natürliche Weise ins Jenseits abzugehen. Das durfte nicht geschehen. Drei Jahrzehnte hatte die Polizei ein Phantom gejagt, und als sie den Verbrecher endlich gefaßt und ihn das Schwurgericht zum Tod verurteilt hatte, war dieser drauf und dran, seiner gerechten Strafe zu entkommen. Vom Gerichtsarzt war festgestellt worden, daß der 68jährige Strössenreuther an Leberkrebs im fortgeschrittenen Stadium litt und allenfalls noch 24 Stunden zu leben hatte. Eile war demnach geboten. Der Verurteilte mußte enthauptet werden, bevor er eines natürlichen Todes starb.
Der Delinquent stammte aus ordentlichen Verhältnissen. Sein Vater war Land- und Gastwirt in Weissenhaid im Bereich des oberfränkischen Bezirksamtes Wunsiedel gewesen. Schon als junger Mann galt Strössenreuther als arbeitsscheu und trunksüchtig. Das ererbte Anwesen bedeutete ihm nichts, er überließ es seiner Schwester und zog stattdessen lieber mit einem Wanderzirkus durch die Lande. Aber auch beim fahrenden Volk konnte er nicht bestehen. Wegen seines disziplinlosen Lebenswandels wurde er nach mehrmaliger Abmahnung vom Zirkusdirektor entlassen und davongejagt. Er lebte fortan vom Betteln und von Gelegenheitsarbeiten. Ein Fahrrad diente ihm zur Fortbewegung bei seinem Wanderleben, die persönlichen Habseligkeiten trug er in einem Rucksack bei sich.

Strössenreuther war ein sexuell pervers veranlagter Psychopath, intelligent, jedoch ethisch und moralisch unterentwickelt. Lange Zeit führte er unentdeckt ein Doppelleben. Er galt als harmloser Sonderling, niemand ahnte, daß er sich an kleinen Mädchen verging. Gelang es ihm, ein Kind anzulocken, stand am Ende jeweils ein Sexualmord.

Im Alter von 35 Jahren kam Strössenreuther in die Gegend von Lindau am Bodensee. Er trieb sich vorwiegend in den umliegenden Wäldern herum, sammelte im Sommer Beeren, im Herbst Pilze, im Winter wilderte er. Von den erzielten Erlösen bestritt er in der Hauptsache seinen Lebensunterhalt.

1907 fing es plötzlich an, daß dort kleine Mädchen geschändet und dann ermordet wurden: Am 25. Juli lag die zehnjährige Anna Rehkugler tot in der Laibach bei Rickenbach, Gemeinde Reutin. Bis auf Strümpfe und Stiefel nackt und Opfer eines Sexualverbrechens. Das Kind war mit Gewalt mißbraucht und dann ertränkt worden. Täter unbekannt!

Am 6. Januar 1913 fanden Passanten die neun Jahre alte Anna Fontanarie im Tunnel der Bregenzwaldbahn. Geschändet und mit einer Spagatschnur erdrosselt. Ihr Mörder hatte sie dorthin gebracht. Täter unbekannt!

Am 13. Januar 1920 wurde die zwölfjährige Paula Kaufmann in Bregenz im Wald links vom Berg-Isel-Weg zur Pfänderstation tot aufgefunden. Sexuell mißbraucht und erstochen. Täter unbekannt!

Am 4. August 1923 lag Notburga Dörfler, zwölf Jahre alt, im Jungwald zwischen Eichenberg und Lutzenreuthe. Tot mit durchschnittener Kehle. Die Leiche wies im Genitalbereich schwerste Verletzungen auf. Täter unbekannt!

Am 4. Dezember 1928 war die zehnjährige Theres Pyratteli tot. Ermordet worden auf dem Weg von Bürgermoos nach Tettnang. Erstickt an einem Papierknebel, den ihr der Mörder in den Mund gesteckt hatte, bevor er das Mädel sadistisch quälte und dann vergewaltigte. Täter unbekannt!

Die Polizei tappte völlig im Dunkeln und mußte alle Fälle ungeklärt ad acta legen.

Da geschah erneut ein Kindermord. Die siebenjährige Martha Wilhelmine Schüle aus Hörbolz im Gemeindebereich Unterreit-

nau, Landkreis Lindau, war am 19. September 1935 nicht von der Schule heimgekommen. Alle Suchaktionen blieben ergebnislos. Martha Wilhelmine blieb verschollen.
Als die Schneeschmelze vorüber war, machte sich der Telegraphenaufseher Kugler aus Wangen im Allgäu auf den Weg, die Telegraphenleitungen in seinem Arbeitsbereich zu überprüfen. Dabei kam er zufällig in ein Dickicht, das sich an einem Waldweg in der Nähe des bereits württembergischen Engelitz befand. In diesem Dickicht sah er plötzlich Überreste einer Leiche liegen. Die von ihm herbeigeholte Polizei identifizierte den schon in Verwesung übergegangenen Leichnam. Es handelte sich um das vermißte Kind Martha Wilhelmine Schüle aus Hörbolz.
Öffentliche Bekanntmachungen und Presseaufrufe mobilisierten die Menschen, und es gingen bei der Kriminalpolizeileitstelle in Stuttgart Hinweise ein, die auf die Spur von Johann Strössenreuther führten. Er wurde festgenommen. Da er kein Geständnis ablegte und bestritt, jemals in Hörbolz-Unterreitnau gewesen zu sein, fanden Gegenüberstellungen mit Zeugen statt, die ihn mehrmals in der Gegend gesehen hatten. Stössenreuther kam in Untersuchungshaft, mußte jedoch zwei Monate später wieder freigelassen werden, weil die vorliegenden Tatnachweise nicht ausreichten, gegen ihn Anklage zu erheben.
Nach mühevoller, akribischer Kleinarbeit war es den Mordkommissionen in München und Stuttgart gemeinsam gelungen, so viel belastendes Beweismaterial zusammenzutragen, daß Strössenreuther am 6. Juli 1937 wegen dringenden Verdachts, die siebenjährige Schülerin aus Hörbolz am 19. September 1935 ermordet zu haben, abermals in Untersuchungshaft genommen werden konnte. Nach acht Verhandlungstagen verurteilte das Schwurgericht Kempten in einem Indizienprozeß am 29. November 1938 Johann Strössenreuther wegen Mordes an Martha Wilhelmine Schüle zum Tod durch das Fallbeil.
Ein von Strössenreuther eingereichtes Gnadengesuch wurde abgelehnt. Um in den noch ungeklärten anderen Kindermorden weiterermitteln zu können, schob die Justiz Strössenreuthers Hinrichtung hinaus. Es gelang dann, von ihm ein umfassendes Geständnis im Mordfall Schüle zu bekommen, und auch bei den

noch ungeklärten Kindermorden bekannte er sich zur Täterschaft. An seinen Geständnissen war nicht zu zweifeln. Seine Aussagen deckten sich mit den Feststellungen der Kriminalpolizei sowohl zur Tatzeit als auch zum Tatort jedes der Fälle. Nur der Täter konnte solche Details wissen, wie Strössenreuther sie zu Protokoll gab.

Johann Reichhart war noch vor Mitternacht in München-Stadelheim eingetroffen. Vom Oberstaatsanwalt mit Ungeduld erwartet, bekam er von diesem mitgeteilt, daß Strössenreuther laut ärztlichem Befund höchstens noch einige Stunden zu leben habe und daß die Hinrichtung deshalb bereits in den frühen Morgenstunden erfolgen müsse.

Am Mittwoch, dem 7. Juni 1939, holten Reichharts Gehilfen Strössenreuther aus der Gefängniszelle und führten ihn zur Richtstätte. Auf dem Weg dorthin sackte der Delinquent unvermittelt in sich zusammen. Die Scharfrichtergehilfen schleiften den Todeskandidaten einige Meter über den Boden, dann legten sie ihn auf das Schafott. Nur der anwesende Gerichtsarzt hatte erkannt, daß Strössenreuther bereits ins Leberkoma gefallen war. Er ließ es zu, daß Reichhart um sechs Uhr morgens einen zum Tod Verurteilten mit dem Fallbeil enthauptete, der möglicherweise bereits tot war.

In den ersten Jahren des NS-Regimes hatte der Scharfrichter Reichhart keine Gewissensbisse verspürt. Er diente dem Staat, er diente der Ordnung, er richtete heimtückische Mörder und gemeine Sexualverbrecher, Gewalttäter, die nach seinem traditionellen Rechtsempfinden die Todesstrafe verdient hatten.

Aber mit Hitlers Kriegsvorbereitungen begann sich die Situation dramatisch zu verändern, und der Scharfrichter sollte bald mehr zu tun haben als jemals zuvor. Bereits kurz nach der Machtergreifung waren im Hitlerdeutschland Sondergerichte eingesetzt worden, gegen deren Urteil es keinerlei Rechtsmittel gab. Jetzt entschieden sie, wer „Volksschädling“, „Wehrkraftzersetzer“ oder „Kriegswirtschaftsverbrecher“ war. Diese Sondergerichte trugen kräftig dazu bei, daß der Scharfrichter Reichhart schließlich ein vermögender Mann wurde.

1939 war seine Tätigkeit durch eine Rundverfügung über „Maßnahmen aus Anlaß von Todesurteilen“ nochmals neu geregelt worden (Aktenzeichen 4417–IIIa $^{\underline{4}}$ 318/39). Diese Rundverfügung hatte der Reichsjustizminister Dr. Gürtner am 19. Februar 1939 erlassen. In 42 Punkten waren dort auf 21 Schreibmaschinenseiten alle nur erdenklichen Einzelheiten einer Hinrichtung aufgelistet, vom Vollstreckungsort über die Bekanntgabe der Entschließung des Führers zur Begnadigung, die Beauftragung und Unterbringung des Scharfrichters bis hin zur Vollstreckungsart und zum Verbleib des Leichnams. So hieß es in Punkt 4: „Die Vollstreckung von Todesurteilen ist erst zulässig, wenn der Führer und Reichskanzler entschieden hat, daß er von seinem Gnadenrecht keinen Gebrauch machen will.“ Sehr bezeichnend ist der Punkt 5: „Die Entscheidung des Führers und Reichskanzlers wird von mir herbeigeführt.“

Alle Vorbereitungen zur Hinrichtung mußten möglichst schnell und unauffällig getroffen werden. Eigens wurde darauf hingewiesen, daß schriftliche Mitteilungen an den Scharfrichter äußerlich nicht als amtliche Schreiben kenntlich sein dürften. Auch die Be-

zeichnung „Scharfrichter" oder eine ähnliche durfte in der Anschrift keinesfalls verwendet werden. Unvermeidbare Fernschreiben oder Ferngespräche mußten in einer für Dritte unverständlichen Art gehalten werden.
Der Scharfrichter und seine Gehilfen mußten spätestens am Nachmittag des Tages vor der Vollstreckung des Todesurteils am Vollstreckungsort eintreffen, wegen der Geheimhaltung der bevorstehenden Hinrichtung grundsätzlich in der für den Vollzug der Todesstrafe bestimmten Strafanstalt übernachten und dort auch ihre Mahlzeiten einnehmen. Der Vorstand der Vollzugsanstalt war angehalten, dafür zu sorgen, daß die Unterbringung des Scharfrichters nicht in unmittelbarer Nähe des Verurteilten und auch nicht in Gefangenenzellen, sondern in geeigneten Diensträumen mit angemessener Schlafgelegenheit erfolgte. „Soweit dies nicht möglich ist", hieß es, „dürfen der Scharfrichter und seine Gehilfen ausnahmsweise im Gasthaus nächtigen."
Der Scharfrichter erhielt am Vorabend der Vollstreckung einen schriftlichen Auftrag ausgehändigt, der in der Art eines Formblattes gehalten war und nach der obigen Rundverfügung einheitlich folgenden Wortlaut hatte: „Auftrag. Der Scharfrichter ... wird beauftragt, den rechtskräftig zum Tode und zum dauernden Verlust der bürgerlichen Ehrenrechte verurteilten (Vor- und Zuname) mit dem Fallbeil hinzurichten, nachdem der Führer und Reichskanzler entschieden hat, daß der Gerechtigkeit freier Lauf zu lassen sei."
Zur Vollstreckung selbst wurde angeordnet, daß die Richtstätte den Blicken unberufener Zuschauer entzogen sein müsse. Wenn die Todesstrafe an mehreren Verurteilten hintereinander vollzogen würde, so müsse sichergestellt sein, daß keiner der Delinquenten die Hinrichtung der anderen sehen könne.
In der Rundverfügung war auch noch ausdrücklich festgelegt worden, daß alle Todesurteile durch Enthauptung mit dem Fallbeil vollstreckt werden müßten. Eine andere Vollstreckungsart (gemeint war das Erhängen) bedurfte einer besonderen Anordnung des Reichsministers der Justiz.
Diese Anordnung betraf in erster Linie den Scharfrichter in Berlin-Plötzensee. Dort wurden nämlich Todesurteile mitunter im-

Das Foto zeigt eine der bis Ende des Krieges in Deutschland verwendeten Guillotinen, mit der bis zur Abschaffung der Todesstrafe durch das Grundgesetz im Jahr 1949 die Todesurteile vollzogen wurden.

mer noch auf quasi mittelalterliche Weise mit dem Handbeil vollstreckt. Großes Aufsehen hatte zuletzt die Hinrichtung der Baronin Benita von Falkenhayn und ihrer Freundin Renate von Natzner erregt. Die Frauen waren 1935 aufgrund einer Spionageaffäre zum Tod verurteilt und von dem damals noch amtierenden Scharfrichter Karl Gröpler mit dem Beil geköpft worden.
Die Baronin von Falkenhayn, die sich in der Reichshauptstadt in den höchsten Gesellschaftskreisen bewegte, hatte beim Silvesterball 1933 im Hotel Kempinski einen eleganten und gutaussehenden polnischen Rittmeister kennengelernt. Sie ließ sich von ihrem Gatten scheiden und wurde die Geliebte des Polen. Schließlich gestand ihr der Rittmeister, für einen polnischen Spionagering tätig zu sein. In seinem Auftrag überredete sie ihre beste Freundin, Renate von Natzner, die im Oberkommando des Heeres angestellt war, Geheimpapiere für den polnischen Spionagering zu fotografieren. Durch die Eifersucht einer Tänzerin wurde der Rittmeister entlarvt. Er erhielt eine lebenslange Zuchthausstrafe, wurde aber bereits 1938 im Austausch gegen deutsche Spione in Polen befreit. Die beiden Frauen hingegen wurden vom 3. Senat des Volksgerichtshofes wegen Hoch- und Landesverrats zum Tod durch das Beil verurteilt. Beide mußten am 18. Februar 1935 ihr Haupt auf den Richtblock legen.
Unmittelbar nach Kriegsbeginn schuf neben etlichen neuen Gesetzen auch die Verordnung gegen „Volksschädlinge“ (5. September 1939) eine weitere „rechtliche“ Grundlage für Todesurteile. Der Ministerrat für die Reichsverteidigung hatte bestimmt, daß mit dem Tode bestraft werde, „wer im frei gemachten Gebiet oder in freiwillig geräumten Gebäuden oder Räumen plündert“ (§ 1) und „wer eine Brandstiftung oder ein sonstiges gemeingefährliches Verbrechen begeht und dadurch die Widerstandskraft des deutschen Volkes schädigt“ (§ 3). Die Todesstrafe konnte in besonders schweren Fällen auch bei einem „Verbrechen bei Fliegergefahr“ (§ 2) oder bei einem Verbrechen unter „Ausnutzung des Kriegszustandes“ (§ 4) verhängt werden. In allen angeführten Fällen konnte die Aburteilung durch eigens geschaffene Sondergerichte erfolgen. Diese Verordnung räumte ausdrücklich auch die Todesstrafe durch Erhängen ein, und Reichhart mußte, wie er

später zugab, auf Befehl von oben gelegentlich Todesurteile am Galgen vollstrecken.
Als der wahre Blutrichter des Hitler-Reiches entpuppte sich der im Reichsministerium der Justiz in Berlin tätige Dr. Roland Freisler, der später von Hitler zum Präsidenten des Volksgerichtshofes ernannt werden sollte. In immer wieder neuen bürokratisch-pedantischen Verordnungen und Verfügungen überzog er das gesamte Deutsche Reich mit einer perfekt funktionierenden Hinrichtungs-Maschinerie. Unmittelbar nach Kriegsbeginn hatte er einen vierten Scharfrichter bestellt, und bereits ein Jahr später traf er abermals eine neue Einteilung, mit der er die Vollstreckung der Todesurteile im deutschen Reichsgebiet regelte (Rundverfügung vom 12. Juni 1940, Aktenzeichen 4417–III a $\underline{4}$ 647/40):

Vollstreckungsort ist:

a) das Strafgefängnis Berlin-Plötzensee für die Vollstreckungsbehörden in Berlin;
b) das Zuchthaus Brandenburg (H)-Gorden für die Vollstreckungsbehörden im Kammergerichtsbezirk (außer Berlin), im Oberlandesgerichtsbezirk Stettin und in den Landgerichtsbezirken Güstrow, Meseritz, Neustrelitz, Rostock und Schneidemühl;
c) das Strafgefängnis Breslau für die Vollstreckungsbehörden im Oberlandesgerichtsbezirk Breslau und in den Landgerichtsbezirken Mähr. Schönberg, Neutitschein, Trautenau und Troppau;
d) das Untersuchungsgefängnis Dresden für die Vollstreckungsbehörden in dem Oberlandesgerichtsbezirk Dresden und in den Landgerichtsbezirken Brüx, Böhm. Leipa, Leitmeritz, Reichenberg, Torgau und Prag;
e) das Strafgefängnis Frankfurt/Main-Preungesheim für die Vollstreckungsbehörden in den Oberlandesgerichtsbezirken Darmstadt, Frankfurt/Main und Kassel;
f) das Untersuchungsgefängnis Hamburg-Stadt für die Vollstreckungsbehörden in den Oberlandesgerichtsbezirken Hamburg und Kiel und in den Landgerichtsbezirken Lüneburg, Schwerin und Stade;

g) das Gefängnis Köln für die Vollstreckungsbehörden in den Oberlandesgerichtsbezirken Düsseldorf, Hamm (ohne die Landgerichtsbezirke Bielefeld und Paderborn) und Köln;

h) das Gefängnis Königsberg für die Vollstreckungsbehörden in dem Oberlandesgerichtsbezirk Königsberg und in den Landgerichtsbezirken Elbling, Danzig und Konitz;

i) das Strafgefängnis München-Stadelheim für die Vollstreckungsbehörden in den Oberlandesgerichtsbezirken Bamberg, Innsbruck, München, Nürnberg und in dem Landgerichtsbezirk Eger;

k) das Gefängnis Posen für die Vollstreckungsbehörden in den Oberlandesgerichtsbezirken Bromberg, Graudenz und Thorn;

l) das Untersuchungsgefängnis Stuttgart für die Vollstreckungsbehörden in den Oberlandesgerichtsbezirken Karlsruhe, Stuttgart und Zweibrücken;

m) das Gerichtsgefängnis Weimar für die Vollstreckungsbehörden in dem Oberlandesgerichtsbezirk Jena und in den Landgerichtsbezirken Dessau, Erfurt, Halle, Naumburg und Nordhausen;

n) das Gerichtsgefängnis Wien für die Vollstreckungsbehörden Graz, Linz und Wien sowie in dem Landgerichtsbezirk Brünn;

o) das Gefängnis Wolfenbüttel für die Vollstreckungsbehörden in den Oberlandesgerichtsbezirken Braunschweig, Celle (ohne die Landgerichtsbezirke Lüneburg und Stade), Oldenburg und in den Landgerichtsbezirken Bielefeld, Halberstadt, Magdeburg, Paderborn und Stendal.

Im Vergleich zu Freislers neuen „Richtlinien für Scharfrichter" aus dem Jahr 1937 hatte sich der Zahl der Hinrichtungsstätten von elf auf vierzehn erhöht. Neu hinzugekommen waren Posen, Wolfenbüttel und das Strafgefängnis Frankfurt/Main-Preungesheim, welches Butzbach abgelöst hatte. Auch der Zuständigkeitsbereich der inzwischen tätigen vier Scharfrichter wurde von Dr. Freisler in dieser Verfügung neu geordnet.

Die vier von mir bestellten Scharfrichter sind, soweit ich nicht im Einzelfall eine abweichende Bestimmung treffe, je für einen bestimmten Bezirk zuständig.

a) Der eine Bezirk (Bezirk I) umfaßt die Vollzugsanstalten Berlin-Plötzensee und Brandenburg (H)-Gorden;

b) ein weiterer Bezirk (Bezirk II) umfaßt die Vollzugsanstalten Dresden, Frankfurt/Main-Preungesheim, München-Stadelheim, Stuttgart und Wien;

c) der dritte Bezirk (Bezirk III) umfaßt die Vollzugsanstalten Hamburg-Stadt, Köln, Weimar und Wolfenbüttel;

d) der vierte Bezirk (Bezirk IV) umfaßt die Vollzugsanstalten Breslau, Königsberg und Posen.

Johann Reichhart war seitdem Scharfrichter in Bayern, Sachsen, Württemberg, Baden, Hessen, Böhmen und Österreich. Erst zu einem späteren Zeitpunkt wurden die Todesurteile des Landgerichtsbezirks Prag nicht mehr in Dresden, sondern in dem berüchtigten Zuchthaus von St. Pankraz in Prag vollstreckt. Der Raum, in dem die Hinrichtungen stattfanden, war durch einen Vorhang geteilt. Vor dem Vorhang befand sich die Guillotine, hinter dem Vorhang waren die Eisenhaken mit der Trittleiter für die Erhängungen angebracht. Hier starben auch die Widerstandskämpfer, die am Attentat auf Heydrich beteiligt gewesen waren, soweit ihrer die Gestapo und der Staatssicherheitsdienst noch habhaft werden konnten. Es war für Reichhart eine große Erleichterung, daß er diese Urteile nicht vollstrecken mußte.

Die anfänglichen Siege der deutschen Wehrmacht im Feldzug gegen Polen und Frankreich hatten große Teile des Volkes in einen wahren Begeisterungstaumel versetzt. Nur wenige sahen und erkannten, wohin der Machtrausch eines größenwahnsinnigen Diktators führen mußte. Als jedoch schon wenige Monate nach Beginn des Rußlandfeldzugs im Winter 1941 die deutschen Truppen kurz vor Moskau im russischen Schnee steckenblieben und von sibirischen Elitetruppen zum Rückzug gezwungen wurden, begannen manche, die noch kurz zuvor begeistert „Heil Hitler" gerufen hatten, an dem stets proklamierten Endsieg leise zu zweifeln. Militärs, die sich ihrer Verantwortung bewußt waren, sahen den Krieg schon damals als verloren an.

Aber je dramatischer sich die Kriegslage an der Ostfront entwickelte, desto unbarmherziger wütete die NS-Justiz hinter der

Front. So wurden zahlreiche Todesurteile über Personen gefällt, die ihrem Unmut freien Lauf gelassen hatten, sich über den Führer oder die Partei abfällig äußerten, Zweifel am Endsieg aussprachen oder gar auf einem der Plakate, die an Bahnhofsgebäuden und Zugwaggons hingen, dem „Räder müssen rollen für den Sieg" hinzugefügt hatten „und Hitlerköpfe nach dem Krieg".
Um die Einkünfte der Scharfrichter und ihrer Gehilfen nicht ausufern zu lassen, hatte das Reichsjustizministerium mit Vertrag vom 7. Mai 1941 die Zahlungen neu geregelt. Danach erhielt Reichhart für jede Hinrichtung in München-Stadelheim nur noch 40 Reichsmark, den Gehilfen wurden 30 Mark zuerkannt. Bei Mehrfachvollstreckungen an einem Tag gab es ab der zweiten für Scharfrichter und Gehilfen je 30 Mark. Bei auswärtigen Hinrichtungen kassierte Reichhart 60 Mark als Sonderprämie, die Gehilfen bekamen 40 Mark. Bei Entfernungen von mehr als 300 Kilometern vom Wohnort erhöhte sich die Sonderzuwendung an die Gehilfen auf 50 Mark.
Reichharts Einkommen war durch die zahlreichen Todesurteile, die er zu vollziehen hatte, innerhalb weniger Jahre so in die Höhe geschnellt, daß er ein Eigenheim erwerben konnte. Im Herbst 1942 bezog er sein Haus in Gleißental bei Deisenhofen. 1943 flossen ihm neben einem jährlichen Grundeinkommen von 3000 Reichsmark zusätzliche Sonderzahlungen in Höhe von 41 748,20 Reichsmark zu. Allein die Sondervergütung für 764 Enthauptungen betrug in diesem Jahr 35 790 Mark, der Rest waren Fahrtauslagen und Aufwandsentschädigung.
Mit der zunehmenden Verschlechterung der Kriegslage, spätestens ab der Kapitulation der 6. Armee in Stalingrad am 31. Januar 1943, sank nicht nur die allgemeine Hoffnung auf den versprochenen Endsieg. Auch der Widerstand gegen das Hitler-Regime wuchs. Doch unbarmherzig schlug die braune Diktatur zurück. Mit der Todesstrafe sollte jede Form von Widerstand sofort im Keim erstickt werden. Und so wurde Reichhart auch zum Scharfrichter am deutschen Widerstand gegen Hitler.
Unter den zahlreichen Widerstandskämpfern, die Reichhart in den folgenden Jahren köpfen mußte, waren auch die Geschwister Hans und Sophie Scholl sowie Christoph Probst. Die drei waren

Die Hinrichtungsstätte im Zuchthaus von St. Pankraz in Prag während der deutschen Besatzung, in der die zum Tod verurteilten Opfer der NS-Justiz mit der Guillotine enthauptet oder an einem der Eisenhaken gehängt wurden.

Das Gefängnis München-Stadelheim in einer Aufnahme aus dem Jahr 1920. Hier wurden seit 1937 alle Hinrichtungen in Bayern durchgeführt.

am 18. Februar 1943 vom Pedell der Münchner Universität an die Gestapo verraten worden, weil sie innerhalb der Universität Flugblätter gegen das Gewaltregime verteilt hatten. Sie wurden am selben Tag verhaftet und in das berüchtigte Gestapogebäude im Wittelsbacher Palais eingeliefert.

Wie sich Inge Aicher-Scholl in ihrem Buch über „Die weiße Rose“ erinnert, hatten Sophie und Hans Scholl bereits nach zwei Tagen fest mit einem Todesurteil gerechnet. Die 21jährige Sophie Scholl entsetzte ihren Pflichtverteidiger mit der Frage, ob sie damit rechnen müsse, öffentlich gehängt zu werden, oder ob sie durch das Fallbeil getötet werde. Derartiges, so Inge Aicher-Scholl, noch dazu von einem Mädchen, habe der Pflichtverteidiger nicht erwartet.

Die Verhandlung vor dem für Hochverrat zuständigen Volksgerichtshof fand am 22. Februar 1943 unter der Leitung des gefürchteten Roland Freisler statt. Freisler war erst wenige Monate zuvor, im Oktober 1942, von Adolf Hitler zum Präsidenten des Volksgerichtshofes ernannt worden. Am 15. Oktober 1942 schrieb er Adolf Hitler folgenden, bezeichnenden Brief: „Mein Dank für die Verantwortung, die Sie mir anvertraut haben, soll darin bestehen, daß ich treu und mit aller Kraft an der Sicherheit des Reiches und der inneren Geschlossenheit des deutschen Volkes durch eigenes Beispiel als Richter und als Führer der Männer des Volksgerichtshofs arbeite, stolz, Ihnen, mein Führer, dem obersten Gerichtsherrn und Richter des deutschen Volkes, für die Rechtsprechung Ihres höchsten politischen Gerichtes verantwortlich zu sein.“ Freisler schloß mit dem Satz: „Der Volksgerichtshof wird sich stets bemühen, so zu urteilen, wie er glaubt, daß Sie, mein Führer, den Fall selbst beurteilen würden.“

Mit diesem Bekenntnis Freislers war im Deutschen Reich der letzte Schein rechtsstaatlicher Prinzipien aufgegeben worden. Freislers Volksgerichtshof urteilte nicht auf einer wie auch immer geschaffenen rechtlichen Grundlage, er urteilte so, wie es der Führer befahl. Die Verhandlungen des Volksgerichtshofes glichen den stalinistischen Schauprozessen.

Bei den meisten Fällen, die vor den Volksgerichtshof kamen, stand das Todesurteil bereits fest, bevor noch die Verhandlung begon-

Die Geschwister Sophie und Hans Scholl mit Christoph Probst beim Abschied vor dem Fronteinsatz am Ostbahnhof in München am 24. Juli 1942.

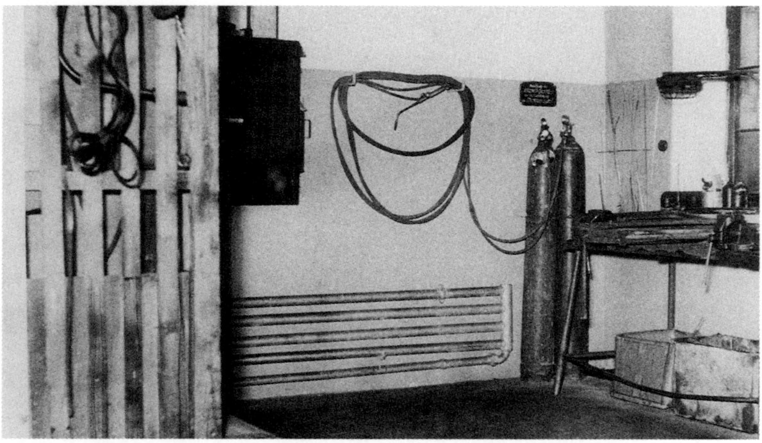

Die Hinrichtungsstätte im Gefängnis München-Stadelheim, in der 1400 Menschen starben, darunter auch die Geschwister Hans und Sophie Scholl, wurde noch bis Ende der fünfziger Jahre (wie unser Foto vom Oktober 1956 zeigt) als Autowerkstatt der Gefängnisverwaltung benutzt.

nen hatte. Es lautete in der Regel: „Tod durch das Fallbeil". Auch nach der am 18. Februar 1943 erfolgten Verhaftung der Geschwister Scholl wollte der eigens nach München angereiste Präsident des Volksgerichtshofes mit dem raschen und schreckensvollen Ende dieser Widerstandskämpfer ein Exempel statuieren. Die etwa zweistündige Verhandlung war eine reine Farce. Dann wurden unter dem Vorsitz Freislers die Todesurteile verkündet.
Nach dem Urteilsspruch wurden die drei Verurteilten in das zentrale Vollstreckungsgefängnis München-Stadelheim überführt. Den Eltern der Geschwister Scholl war es gelungen, dort zwischen 16 und 17 Uhr ihre Kinder noch einmal zu besuchen. Sie wußten nicht, daß Scharfrichter Reichhart zu diesem Zeitpunkt bereits den Auftrag zur sofortigen Vollstreckung der Todesurteile hatte.
Als Sophie von einer Gefängniswärterin hereingeführt wurde, trug sie ein weißes Kleid. Dankbar lächelnd nahm sie die ihr angebotenen Süßigkeiten an. Wie die Gefangenenwärter später berichteten, hatten sich die drei so tapfer benommen, daß das gesamte Gefängnispersonal davon tief beeindruckt war. Deshalb nahmen die Gefängniswärter das Risiko auf sich, den drei Todeskandidaten kurz vor der Hinrichtung noch eine gemeinsame Zigarette zu gönnen.
Dann wurden sie abgeführt in den Gefängnishof. Die Guillotine befand sich dort, abgeschirmt von den Blicken der Gefangenen, in einer Holzbaracke, die noch bis zur Mitte der sechziger Jahre als Werkstatt verwendet wurde. Als erste ging Sophie, und zwar ohne mit der Wimper zu zucken. Reichharts Henkersknechte packten das Mädchen und legten es über die Richtbank. Sekunden später war für Sophie alles vorbei. Selbst der sonst gefühlskalte Scharfrichter war beeindruckt und gestand, so habe er noch niemanden sterben gesehen. Ehe Hans sein Haupt auf den Block legte, rief er laut durch das Gefängnis: „Es lebe die Freiheit!"
Noch im gleichen Jahr wurden weitere Mitglieder der Widerstandsgruppe „Weiße Rose" zum Tod verurteilt. Am 13. Juli 1943 starben Alexander Schmorell, Student der Medizin, sowie der Philosophie-Professor Kurt Huber unter dem Fallbeil, am 12. Oktober Willi Graf, ebenfalls Student der Medizin. Das war aber erst der Anfang. Hunderte sollten ihnen schon bald folgen.

Wie der Zeithistoriker Helmut Halter in seinem Buch „Stadt unterm Hakenkreuz“ feststellt, erregte damals in Regensburg die Zerschlagung der sogenannten „Neupfarrplatzgruppe“ großes Aufsehen. Zwischen Oktober 1942 und Februar 1943 wurden über 30 Personen festgenommen, denen die Gestapo staatsfeindliches Verhalten vorwarf. Die Regensburger „Neupfarrplatzgruppe“ war jedoch in Wirklichkeit keine feste Organisation oder gar eine Widerstandsgruppe. Vielmehr trafen sich auf dem Neupfarrplatz – wie schon früher und auch heute noch – Rentner, Invaliden und damals auch ehemalige KPD-Angehörige, die in einer Art „Rentnerparlament“ Meinungen austauschten. Natürlich wurde dabei auch ein wenig „politisiert“ und über die Kriegslage gesprochen.

Trotzdem schlug die NS-Justiz unbarmherzig zu, weil „durch diesen Personenkreis viele deutsche Volksgenossen in ihrer Siegeszuversicht ganz erheblich geschwächt, wenn nicht gar staatsgegnerisch eingestellt worden sind“. Mitte März 1943 trat in Regensburg der 6. Senat des Volksgerichtshofes zusammen und verurteilte den Postfacharbeiter Josef Bollwein und den Hilfsarbeiter Johann Kellner zum Tode. Ihnen war vorgeworfen worden, Mitglieder der sogenannten „Neupfarrplatzgruppe“ zu sein. Die Gestapo beschuldigte sie, Feindsender abgehört und die Nachrichten verbreitet zu haben, wobei die Staatspolizei sogar einräumte, hier sei in einer kommunistischen Gerüchteküche nur zersetzende Mundpropaganda betrieben worden. Wegen Vorbereitung zum Hochverrat und Wehrkraftzersetzung zum Tode verurteilt, starben beide am 12. August 1943 in der Strafanstalt München-Stadelheim durch die Hand des Scharfrichters Johann Reichhart.

Weitere Mitglieder der „Neupfarrplatzgruppe“ wurden zu hohen Haftstrafen verurteilt. Die restlichen kamen fast alle in das Konzentrationslager Flossenbürg. Dort wurden noch etliche von ihnen ohne jegliches Gerichtsverfahren hingerichtet. Unter denen, die in das KZ eingewiesen wurden, befand sich auch der damals stadtbekannte Josef Haas, der sich als Arm- und Beinamputierter von seinem Schäferhund in einem Wägelchen durch die Straßen und über die Dörfer ziehen ließ. Wie Christian Feldmann in seinem Buch „Der Domprediger“ berichtet, hatte Josef Haas Feind-

sender abgehört und den Leuten erzählt, was er über die Kriegsverbrechen der Nazis mitbekommen hatte. Es dauerte Jahre, bis der Invalide denunziert wurde. Am 18. August 1944 starb er im KZ Flossenbürg. Ein SS-Mann trug den Krüppel wie ein Kind zur Hinrichtungsstätte.
Johann Reichhart hetzte von Hinrichtung zu Hinrichtung. Nach dem Attentat auf Hitler am 20. Juli 1944 wütete der Präsident des Volksgerichtshofes, Roland Freisler, noch fürchterlicher. Um die zahlreichen Hinrichtungen vollstrecken zu können, wurde Reichhart nach Berlin beordert. An einem Tag Ende Juli erfolgten so viele Enthauptungen, daß er und seine Gehilfen pausieren mußten, weil sie bis zu den Fußknöcheln im Blute wateten. Im Gegensatz zu Reichhart, der seine Todeskandidaten mit dem Fallbeil richtete, hängte Ernst Reindel, der berüchtigte „Henker und Schlächter von Berlin", die Männer des Widerstandes in Berlin-Plötzensee auf Befehl Hitlers an Fleischerhaken auf.
Vier Gehilfen beschäftigte Reichhart mittlerweile, die ihm stets vorauseilten und die Guillotine aufstellten, damit er bei seinem Eintreffen ohne Verzug an die „Arbeit" gehen konnte. Er und seine Gehilfen waren zu Perfektionisten im Töten geworden. Das Fallbeil kam nur noch selten zur Ruhe. Reichhart tötete damit im Auftrag der NS-Justiz, täglich und oft im Dreiminutentakt. Manchmal zehn, zwanzig, ja sogar bis zu dreißig Menschen starben durch ihn an einem einzigen Tag.
Reichhart tötete, weil Richter und Staatsanwälte ihm den Vollzug der Todesstrafe überantworteten. Als er, unvorsichtig, einmal laut darüber nachdachte, wann dieses Menschenabschlachten endlich aufhören werde, wurde er scharf zur Ordnung gerufen: „Sie leisten kriegswichtige Arbeit. Es steht Ihnen nicht zu, Richter, Staatsanwälte und rechtskräftig erlassene Urteile in Frage zu stellen. Sie haben Befehlen zu gehorchen und diese bedingungslos auszuführen!"

„HANS, MACH' SCHNELL!“

Ein Tag im Oktober 1944. Johann Reichhart fuhr mit seinem Opel Blitz nach Hause. Eine einwöchige Dienstreise ging zu Ende, in der er zwei Dutzend Menschen enthauptet oder gehängt hatte. In Weimar, Dresden, Wien und Prag endeten die Leben von Delinquenten auf dem Schafott oder am Galgen. Verurteilt als Mörder, Hochverräter und wegen Widerstandes gegen das nationalsozialistische Regime.

Reichhart freute sich auf sein Haus in Gleißental. Sechs Nächte hatte er in kalten Gefängnisräumen zubringen müssen, sechs Tage hatte er aus der Aktentasche gelebt und war Kilometer um Kilometer, Stunde um Stunde auf staubigen Landstraßen gefahren. Am schlimmsten aber war der fürchterliche Dienst, der zur schrecklichen Routine geworden war: Menschen töten zu müssen, entweder mit der Guillotine oder am Galgen. Auch ein Scharfrichter hatte Anspruch auf ein freies Wochenende, und Reichhart freute sich auf ein paar Tage der Ruhe und Erholung.

Die Hausglocke schellte. Ein Bote der Staatsanwaltschaft München überbrachte ein versiegeltes Briefkuvert. Reichhart quittierte den Empfang und öffnete den Umschlag. Die Staatsanwaltschaft trug ihm auf, noch am selben Tag in der Strafanstalt München-Stadelheim zwei Todesurteile zu vollstrecken. Das Schreiben beinhaltete weder die Namen der Delinquenten noch ihre Taten. Seit einiger Zeit schon fehlten diese Hinweise, für Reichhart aus ihm unerklärlichen Gründen. Erst wenn der Staatsanwalt an der Richtstätte das Urteil verlas und zu ihm sagte: „Scharfrichter, walten Sie Ihres Amtes“, dann erfuhr er, wer jetzt unter dem Fallbeil sterben werde.

Reichhart griff zum Telefon und beorderte seine Gehilfen Franz Zellner und Josef Eichinger nach Stadelheim. Für die Auswahl und den Einsatz der Gehilfen war er allein verantwortlich. Zellner und Eichinger wohnten in München und standen dort in Abrufbereitschaft.

Zwischen Johann Reichhart und einigen Justizbeamten in der Strafanstalt München-Stadelheim hatte sich in stiller Übereinkunft ein „kurzer Dienstweg“ aufgebaut. Die Beamten versorgten ihn bei seiner Ankunft in der Strafanstalt mit Informationen, die ihm seitens der Staatsanwaltschaft vorenthalten wurden. Als er durch den Haupteingang das Gefängnis betrat, begrüßte ihn der Beamte in der „Pförtnerloge“ mit einem freundlichen „Servus Hans“. Reichhart grüßte zurück und fragte: „Was sind es denn?“
„Mädchenschänder“, antwortete ihm der Beamte angewidert. Nach und nach erfuhr Reichhart, daß sich die beiden Sexualtäter über Jahre hinweg regelmäßig an zwölf- bis vierzehnjährigen Mädchen vergangen hatten. Was mit unsittlichen Berührungen wie „Grapschen“ und „Auf-den-Po-Klopfen“ begonnen hatte, führte schon bald zu intimen sexuellen Kontakten. Die beiden Wüstlinge, der eine inzwischen 59 Jahre alt, der andere gar 67, beide stammten aus ländlichem Milieu, hatten es mit den kleinen Mädchen im Stadel und auf dem Heuboden getrieben, ebenso in einem Bienenhaus oder in der Wohnküche. Einer der beiden besaß einen Kramerladen. Dort hatte er die Mädchen, wenn sie zum Einkaufen kamen, mit Vorliebe mißbraucht.
Wie der Justizbeamte weiter berichtete, hatten die Angeklagten in der Verhandlung vor dem Sondergericht in Nürnberg-Fürth sogar zugegeben, daß sie von Anfang an eine starke Neigung verspürt hätten, sich mit unreifen Mädchen zu befassen. Beide Männer waren zwar verheiratet, aber ihre Ehen waren seit Jahren zerrüttet. Zu ihrer Verteidigung hatten sie vorgebracht, daß sie von den bereits völlig verdorbenen jungen Mädchen verführt worden seien. Die Mädchen hätten sich von selbst an sie herangemacht, sich ausgezogen und sie zum Beischlaf aufgefordert. Obwohl das Gericht einräumte, daß sich die 12–14jährigen Mädchen sehr zugänglich gezeigt hätten und den Angeklagten ohne Schwierigkeiten schnell entgegengekommen seien, schloß es jedoch aus, daß in den genannten Fällen die Kinder die Initiative ergriffen und die im Grunde widerstrebenden erwachsenen Männer zu ausgiebigen sexuellen Handlungen verleitet hätten.
Schließlich erzählte der Justizbeamte dem Scharfrichter noch, daß das Sondergericht die Ansicht vertreten hätte, angesichts der

Stärke ihrer perversen Neigung bestünde die Gefahr, daß beide mit zunehmendem Alter auf diesem Gebiet noch hemmungsloser würden. Sicherungsverwahrung und Entmannung seien daher vom Gericht als unzureichende Maßnahmen abgelehnt worden.
Das Todesurteil gegen Josef W. und Josef H. war mit folgender Begründung gefällt worden: „Es kommt ausschlaggebend hinzu, daß gerade im Kriege der Schutz der Jugend besonders ernst genommen werden muß. Es ist selbstverständlich, daß im gegenwärtigen Zeitpunkt die Jugend sehr viel größeren Gefahren als sonst ausgesetzt ist... Weiter gebietet es die Selbstachtung des deutschen Volkes, daß in Zeiten der äußersten Härte des nationalen Lebens auch an schwere Verbrechen ein harter Maßstab angelegt wird."
Reichhart nickte zustimmend und fragte schließlich den Beamten: „Weißt du, wie sie heißen und woher sie sind?"
„Von Straubing sind sie, und alle zwei heißen Sepp", lautete die Antwort. „Heute um elf Uhr Vormittag haben sie erfahren, daß sie um fünf Uhr Nachmittag dran sind." Dann wurde die Stimme des Beamten leiser. Er flüsterte dem ahnungslosen Reichhart bedeutungsvoll ins Ohr: „Es sind Freunde von dir, und sie wissen auch, daß du sie köpfen wirst."
Reichhart wurde fahl im Gesicht. Er ahnte Furchtbares. Eiligst ging er zu den Zellen der beiden Todeskandidaten. An der Tür zur Zelle Nr. 26 sah er durch den Spion. In der Mitte des Raumes stand ein hochgewachsener, hagerer Mann. Die Arme hingen am Körper herab, und sein Blick war auf das Zellenfenster gerichtet. Reichhart hatte das Gefühl, der Verurteilte wolle in Zwiesprache mit sich von der Welt da draußen Abschied nehmen. Als habe er gespürt, daß er beobachtet wurde, drehte er sich mit einem Ruck herum und starrte auf die Tür. Sein Gesicht war schmal und zerfurcht, der Kopf schwankte hin und her, und die Lippen bewegten sich wie im stillen Gebet. Reichhart erschrak. „Mein Gott! Das ist doch der Sepp", schoß es ihm durch den Kopf. Mit ihm zusammen hatte er im 1. Weltkrieg beim Militär gedient. Wie betäubt starrte er auf den Todeskandidaten, der gerade das Kreuzzeichen schlug. Johann Reichhart drehte sich weg und ging jetzt zur Zelle Nr. 27.

Wieder sah er durch den Türspion. Vor der Holzpritsche kniete ein abgehärmter Mann, die Hände gefaltet, und betete. Tränen liefen über sein Gesicht, aus dem die Backenknochen scharf hervorstachen. Reichhart unterdrückte einen Aufschrei. Das in der Todeszelle kniende Bündel Elend war Sepp H., ebenfalls ein alter Kamerad aus der gemeinsamen Soldatenzeit. Regelmäßig hatte Reichhart die beiden, wenn er nach Straubing kam, besucht. „Warum habt ihr das getan?“ fragte er sich im Stillen.
Bis zur entscheidenden Stunde hatte Reichhart noch etwas Zeit, seine Gedanken zu ordnen: Sommer 1916. Franzosen und Deutsche liegen sich bei Verdun im Stellungskrieg gegenüber. Seit dem 21. Februar wogt die Schlacht hin und her, Artilleriegefechte sind an der Tagesordnung. Er und die beiden andern hocken Rücken an Rücken im Schützengraben und löffeln Graupensuppe aus ihren blechernen Kochgeschirren. Plötzlich zerreißen Schüsse aus Feldhaubitzen die Stille. Es pfeift und wummert. Eine Granate schlägt in der Nähe ein. Um Reichhart wird es schwarz. Aus tiefer Bewußtlosigkeit erwacht, liegt er auf einer Tragbahre inmitten Verwundeter in einem Zelt. Den Kopf dick eingebunden, ein Brummen im Schädel und Schmerzen am ganzen Rücken, wird ihm klar: Er war von dem Erdreich verschüttet worden, das der Granateneinschlag aufgewirbelt hatte.
Die beiden unverletzt gebliebenen Kameraden hatten ihn mit bloßen Händen ausgegraben. Ihnen verdankte er es, noch am Leben zu sein. Und ausgerechnet seinen Rettern von damals mußte er jetzt das Leben nehmen. Zum ersten Mal im Amt als Scharfrichter haderte er wirklich mit seinem Schicksal.
Doch Reichhart konnte sich nicht davonstehlen. Ob er wollte oder nicht, er mußte die beiden Freunde von damals hinrichten. Als sie vorgeführt wurden, baten sie ihn: „Hans, mach’ schnell!“ Johann Reichhart tat sein Bestes. Er war ja der schnellste Scharfrichter Bayerns. In einem Abstand von nur wenigen Minuten betätigte Reichhart zweimal den Hebel: Zwei verurteilte Sittlichkeitsverbrecher waren nicht mehr.
Gegen Ende des Jahres 1944 war für Reichhart die Zahl der Hinrichtungen im Vergleich zum Vorjahr zurückgegangen. Der Scharfrichter hatte Konkurrenz bekommen. SS-Standgerichte

wüteten insbesondere in den letzten Monaten vor Kriegsende. An Straßenbäumen erhängten sie Soldaten, und auf Schildern vor ihrer Brust stand in großen Lettern geschrieben: „Ich bin ein Deserteur“, „Ich bin ein Feigling und Vaterlandsverräter“, „Ich habe den Führer und das Vaterland verraten“, „Ich bin ein Verräterschwein“ und ähnliches mehr.

In Hinterhöfen, hinter Stadeln und Holzschupfen, in Kiesgruben, ja sogar im freien Gelände streckten die Salven der Erschießungskommandos Kinder in Uniform, alte Volkssturmmänner und Zivilisten nieder, weil die einen Angst vor dem Gegner, die anderen den Krieg endgültig satt hatten und, statt Panzersperren zu errichten, nach Hause wollten.

Am 19. April 1945 wurde der Obergefreite Karl Epp in Mitterteich in der Oberpfalz wegen Fahnenflucht zum Tod durch den Strang verurteilt. Das Gasthaus „Zum Bären“ war Schauplatz des Kriegsgerichtsverfahrens. Die Schergen des NS-Regimes hatten es mit der Vollstreckung eilig. Noch am selben Tag knüpften sie Erp an einer Linde vor dem Rathaus auf.

Als der 31jährige Peter Igl, Hilfsmesner von St. Emmeram in Regensburg, wegen seiner offen geäußerten Zweifel am „Endsieg“ im Juni 1944 verhaftet und am 20. November 1944 zum Tode verurteilt wurde, war der Scharfrichter Reichhart dermaßen mit Arbeit überlastet, daß Igl zunächst in das berüchtigte „SS-Straflager“ im KZ Dachau kam. Dort mußte er mehrere Monate auf die Vollstreckung des Urteils warten. Das Todesurteil wurde schließlich am 21. April 1945, wenige Wochen vor Kriegsende, im Hof des Regensburger Landgerichts vollzogen. Zu diesem Zeitpunkt war es gar nicht mehr leicht, Henker für den jungen Mann zu finden. Etliche Kameraden der Luftschutzpolizei, der er angehört hatte, weigerten sich, ungeachtet der schlimmsten Drohungen. Schließlich holte man ein paar abgebrühte SS-Schergen aus dem KZ-Außenlager Regensburg-Stadtamhof, die ihm die Schlinge um den Hals legten.

Auch das unter Landgerichtsdirektor Schwarz zusammengetretene Standgericht, das am 24. April 1945 den Regensburger Domprediger Dr. Johann Maier und den Rentner Josef Zirkl zum Tode verurteilte, konnte nicht auf Anhieb einen Henker ausfindig

machen. Die Regensburger Gestapo-Beamten weigerten sich, die Exekution vorzunehmen. Schließlich erklärten sich Gestapo-Leute aus Darmstadt, die sich unter einem gewissen SS-Sturmbannführer Gierke auf dem Rückzug in die Alpenfestung befanden, bereit, die beiden Verurteilten zum Galgen zu zerren.
Reichhart hat bei einem der späteren Verhöre durch die Besatzungsmacht gesagt: „Ich schätze mich froh und glücklich, daß mir diese Schweinerei nicht auch noch aufgetragen wurde. Mir haben die Hinrichtungen in den Gefängnissen gereicht."

Nach dem Einmarsch der Amerikaner in München am 30. April 1945 hatte die Besatzungsmacht den Hinweis bekommen, daß der Nazi-Scharfrichter Johannn Reichhart in Gleißental bei Deisenhofen wohne. Mitte Mai 1945 fuhren amerikanische Soldaten mit einem Militärfahrzeug an seinem Haus vor: „Damned Nazi-Murder" und „Bastard" schreiend, schlugen sie mit Gewehrkolben gegen die Haustür. Das Holz splitterte. Reichhart flüchtete in den Keller und versteckte sich unter Kohlensäcken. Die Soldaten holten ihn hervor. Sie prügelten auf den vom Kohlenruß Geschwärzten ein. Zwei hünenhafte Farbige fuhren mit ihm zum Harlachinger Friedhof. Dort fesselten sie ihm die Hände und bespuckten ihn. Gegen einen Grabstein gelehnt, hörte er das Klicken von Gewehrschlössern. Er sah auf die gegen ihn gerichteten Gewehrläufe und glaubte, erschossen zu werden. Ehe die Exekution erfolgte, beendete der scharfe Befehl eines hinzukommenden Offiziers den Spuk.
War alles vorsätzlich inszeniert gewesen, oder hätte er tatsächlich exekutiert werden sollen? Reichhart hat die Wahrheit nie erfahren. Er kam anschließend als Untersuchungshäftling in jene Strafanstalt, die für Bayern zentrale Hinrichtungsstätte geworden war und in der er mehr als 1200 Todesurteile mit der Guillotine vollstreckt hatte: das Strafgefängnis München-Stadelheim.
Dort befand er sich in bester Gesellschaft. Er war eingesperrt mit Parteibonzen, Richtern und Staatsanwälten, allesamt Nazigrößen. Unter ihnen waren auch jene, die ihm noch vor kurzem die Todeskandidaten geliefert hatten. Von seinen Mithäftlingen geschmäht und gemieden, als trüge er die schwarze Pest an sich, bekam er zu spüren, wie sehr sie ihn verachteten. Einigen davon begegnete er später wieder. Im Kriegsverbrechergefängnis Landsberg am Lech, wo er sie auf Befehl der Militärmacht hängen mußte.
Die Haft des Scharfrichters war nämlich nur von kurzer Dauer. Bereits nach einer Woche öffneten sich für ihn die Gefängnistore.

Am Haupteingang erwartete ihn ein amerikanischer Offizier. „Guten Morgen, Herr Reichhart. Wie geht es Ihnen? Haben Sie die Nacht gut verbracht? Ich weiß, zu Hause im Bett schläft es sich besser. Aber Sie haben das Schlimmste hinter sich. Ein paar Dinge werden Sie für uns noch erledigen müssen, dann dürfen Sie wieder nach Hause."

Reichhart hatte den Worten des Offiziers, der perfektes Deutsch sprach, aufmerksam zugehört. Liebenswürdig half ihm der Amerikaner beim Einsteigen in den offenen Jeep und bot während der Fahrt Schokolade an, die damals eine seltene Kostbarkeit darstellte.

Die Fahrt ging nach Landsberg am Lech, und zwar direkt in das dortige Gefängnis. Reichhart begriff rasch, was die Amerikaner von ihm wollten. Sie brauchten ihn für jenes Handwerk, für das ihn der bayerische Freistaat während der Weimarer Republik und dann die Nationalsozialisten gebraucht hatten. Und so wurde aus dem Scharfrichter Reichhart jetzt noch der Henker der amerikanischen Militärregierung.

Strenggenommen stand Reichhart weiterhin im Dienst der bayerischen Justiz bzw. des Deutschen Reiches. Aber das spielte keine Rolle mehr. Das Deutsche Reich war untergegangen, jetzt nahm ihn die Militärregierung in die Pflicht. Im Gefängnis Landsberg mußte Reichhart zwei neue Galgen errichten lassen. Reichhart hatte bereits 1942, nachdem im Deutschen Reich neben der Enthauptung durch das Fallbeil die besonders entehrende Strafe des Hängens wieder eingeführt worden war, selbst einen Galgen nach englischem Muster konstruiert: Der Verurteilte sollte mit dem Strick um den Hals etwa zwei Meter in die Tiefe stürzen und sich dabei das Genick brechen. Seine Konstruktion aber war vom Justizministerium abgelehnt worden, weil nach dem Willen der NS-Machthaber das Hängen mit der qualvolleren österreichischen Methode des Strangulierens vorgenommen werden sollte.

Unmittelbar nach Kriegsende hatten die Amerikaner die Todesurteile an deutschen Kriegsverbrechern durch Erschießen vollzogen. Reichhart wußte davon. Jetzt aber wollten sie sich die Hände nicht mehr beschmutzen. Johann Reichhart, der Henker, sollte von nun für sie diese Arbeit tun.

Die Strafanstalt Landsberg mit Gefängnisfriedhof.

Der amerikanische Colonel hatte ihm die Freiheit versprochen, sobald die paar Dinge erledigt seien, die man von ihm fordere. Wie weit durfte er dieser Zusicherung trauen? War es lediglich eine Finte, ihn gefügig zu machen? Reichhart nahm sich vor, auf der Hut zu sein.

Dem Henker Reichhart wurde eine Sonderstellung eingeräumt. Er durfte zwischen seiner Wohnung in Gleißental und dem Gefängnis Landsberg am Lech hin- und herpendeln. Wenn es Todesurteile zu vollstrecken galt, holte ihn eine Militärpatrouille im Jeep von daheim ab und brachte ihn nach getaner Arbeit wieder zurück. In seinem Gepäck befanden sich dann Konserven, Cola, Zigaretten, Süßigkeiten, Kaugummi und Whisky. Damit bezahlten die Amerikaner seine Dienste, eine Währung, die damals mehr wert war als Geld.

In Landsberg henkte Reichhart den Chef des SS-Wirtschaftshauptamtes, Oswald Pohl, einst zuständig für die wirtschaftliche Betreuung der Konzentrationslager. An sein Amt waren die von Leichen jüdischer Opfer gefledderten Gegenstände abgeführt

worden. Reichhart henkte auch Otto Ohlendorf, Chef eines Vernichtungskommandos der SS, verantwortlich für die Ermordung von 90 000 Menschen, mehrheitlich Juden. Ebenso Paul Blobel, SS-Standartenführer, verantwortlich für den Mord an 60 000 Menschen. Reichhart henkte Hoheitsträger der Partei, Schergen der KZ-Bewachungskommandos und etliche der ehemals an den Sondergerichten tätigen Blutrichter der Nazi-Justiz.
156mal knotete er den Strick, und 156mal brach ein Genick, nachdem die Falltür sich geöffnet hatte. In jedem Falle war er darauf bedacht gewesen, kurz und schmerzlos zu töten: „Ich hab' nie einen erdrosselt, hab' keinem weh getan.“ Mehr als einmal verteidigte Reichhart später seine Tätigkeit als Henker der Besatzungsmacht: „Der Delinquent spürte nichts. Das Aufhängen ging so schnell, daß er gar nichts merkte.“
Am 1. April 1946 henkte Reichhart in Landsberg zwei und in der Nacht vom 28. auf den 29. Mai nochmals 14 SS-Angehörige. Dann weigerte er sich, weiterhin Todesurteile zu vollziehen. Ihm war zu Ohren gekommen, daß zwei von den Hingerichteten unschuldig gewesen waren. Opfer einer Namensverwechslung, weil amerikanische Ermittler schlampig gearbeitet hatten. Reichhart mußte danach befürchten, wieder eingesperrt zu werden. „Lieber ins Loch, als noch einmal einen Unschuldigen ermorden“, sagte er zu einem Aufseher im Gefängnis Landsberg.
Aber Reichhart konnte mit dem Strick so gut umgehen, daß nicht viel gefehlt hat, und der NS-Scharfrichter Reichhart hätte die Todesurteile an den im Nürnberger Kriegsverbrecherprozeß verurteilten NS-Größen vollstreckt. Doch die Militärregierung besann sich. Reichhart mußte den Mastersergeanten Hazel Woods in der „Kunst des schnellen Tötens am Galgen“ unterweisen. Auch die Galgen, an denen die im Nürnberger Prozeß abgeurteilten Nazigrößen gehenkt wurden, waren unter Reichharts Anleitung errichtet worden. Am 16. Oktober 1946 legte Woods zehn Todeskandidaten den Strick um den Hals: Ribbentrop, Keitel, Kaltenbrunner, Rosenberg, Frank, Frick, Streicher, Sauckel, Jodl und Seyß-Inquart. Dem Reichsmarschall Hermann Göring war es gelungen, sich kurz vor seiner Hinrichtung mit einer Zyankali-Kapsel das Leben zu nehmen.

Der amerikanische Mastersergeant Hazel (John) Woods mit einer fertigen Schlinge.

Woods wohnte als Soldat der US-Armee in der Nähe von Heidelberg. Reichhart traf sich beruflich und privat einige Male mit ihm. Freunde wurden sie freilich nie. So wie Reichhart es früher gern getan hatte, renommierte auch Woods jetzt mit seinen Nürnberger Hinrichtungen. Er verkaufte sogar Teile der Stricke, mit denen er die Kriegsverbrecher von Nürnberg gehängt hatte, als Souvenirs an amerikanische Soldaten.

Allerdings hatte er – im Gegensatz zu Reichhart – einige Hinrichtungen äußerst stümperhaft vollzogen. Die Falltüre, durch die der Todeskandidat nach unten fiel, war zu rasch wieder hochgeschnellt und hatte diesem, noch im Sturz, erhebliche Verletzungen zugefügt; eine unnötige Grausamkeit.

Woods nahm ein tragisches Ende. Er verfiel schon bald dem Verfolgungswahn, schlief nur noch mit der Pistole unter dem Kopfkissen, wachte nachts schweißgebadet auf und suchte mit der Waffe in der Hand in der Wohnung nach seinen Verfolgern. Woods war mißtrauisch geworden gegenüber jedermann. Als Journalisten ihn dazu bewegen konnten, mit in die Unteroffizierskantine zu gehen, sprang er während des Kaffeetrinkens plötzlich auf und schrie hysterisch: „I' ve been poisoned (ich bin vergiftet worden)!“ Wie in Krämpfen wälzte er sich auf dem Boden und war plötzlich besinnungslos.

Auf sein Gesuch hin wurde er versetzt, und zwar so weit wie möglich von Nürnberg entfernt. Er kam nach Eniwetok im Pazifik. Dort ereilte ihn einige Jahre später sein Schicksal. Bei der Reparatur eines elektrischen Stuhles erlitt er einen tödlichen Stromschlag.

Neben Woods, der in der amerikanischen Besatzungszone die Kriegsverbrecher hängte, waltete in der britischen Besatzungszone Albert Pierrepoint seines Amtes. Pierrepoint war Henker Seiner Majestät des Königs von England. Im Gefängnis von Hameln richtete er an einem einzigen Tag mit dem Galgen 27 Männer, die in einem Kriegsverbrecherprozeß in Lüneburg zum Tod verurteilt worden waren.

Albert Pierrepoint war im Gegensatz zu seinen europäischen Scharfrichter-Kollegen ein fröhlicher Mann, der zudem eine ausgesprochene Schwäche für Frauen besaß. Trotzdem ließ er sich nicht davon abhalten, der zum Tode verurteilten schönen Bar-

dame Ruth Ellis am 13. Juli 1955 die Schlinge um den zarten Hals zu legen. Der blonde Sexstar Diana Dors war von ihm fasziniert. 1976 berichtete der „Sunday People“ unter der Überschrift „Diana Dors and the friendly hangman“ über das Verhältnis des Busenstars mit Albert Pierrepoint zu Beginn der fünfziger Jahre.
In den sogenannten „Kriegsverbrecherprozessen“ wurden auch zahlreiche „Parteihenker“ des Dritten Reiches zum Tode verurteilt und daraufhin gehängt. Das waren meist SS-Schergen, die von den Parteioberen eingesetzt worden waren, als die offiziellen Scharfrichter, wie Reichhart später erklärte, „den Anforderungen des Molochs Staat, der Ströme von Blut fließen ließ, nicht mehr gewachsen waren.“ Unter ihnen befand sich auch der Scharfrichtergehilfe Kleine, der im Juni 1946 in Halle wegen „aktiver Teilnahme an zahlreichen unrechtmäßigen Hinrichtungen“ zum Tode verurteilt und gehängt wurde.
Selbst wenn es, wie Reichhart sich damals erinnerte, zwischen den „traditionellen“ Scharfrichtern und den „Parteihenkern“ zu manchen Zwistigkeiten gekommen war, so hatten die offiziellen Scharfrichter ebenso an zahlreichen unrechtmäßigen Hinrichtungen aktiv teilgenommen. Auch Johann Reichhart, der unschuldige Widerstandskämpfer wie die Geschwister Scholl hingerichtet hatte, drohte der Tod durch den Strang. Sollte er, der so viele Menschen mit der Guillotine geköpft hatte, als Kriegsverbrecher gehängt werden?

Bereits im August 1945 war bei der Münchner Stadtverwaltung eine an den damaligen Oberbürgermeister Dr. Karl Scharnagl adressierte Anzeige eingegangen. Sie hatte folgenden Wortlaut:

Scharfrichter Hans Reichhart, Deisenhofen, Gleißental. Ich möchte die verehrl. Stadtverwaltung auf Folgendes höflichst aufmerksam machen: Obengenannter hat während der Naziherrschaft unzählige Menschen, in der Hauptsache aus politischen Gründen, hingerichtet. Mit dem ganz ansehnlichen „Kopfgeld" hat er sich neben seinem festen Einkommen in der langen Zeit seiner Tätigkeit ein ganz schönes Vermögen verdient. Vorher ein Habnichts, konnte er sich als Scharfrichter speziell während der Hochkonjunktur im Kriege eine kleine, mit allen Schikanen und Komfort ausgestattete Villa in Gleißental bei Deisenhofen bauen. Aber nicht für sich und seine Familie (Reichhart hat vier Kinder), sondern für sich und seine „Freundin", mit der er schon über zehn Jahre lang ein Verhältnis hat. Seit einigen Jahren lebt er mit ihr im Konkubinat. Nun hat sie auch ein Kind von ihm. Seine Familie ließ er nie nach Gleißental kommen, diese lebt weiterhin in dem primitiven Häuschen hinterm Amtsgericht in der Au.

Reichhart besitzt zwei Personenautos, darunter einen neuen, wertvollen Horchwagen. Diese Autos standen noch nach dem Umsturz in seiner Garage unter der Villa. Reichhart und seine Freundin besitzen wertvollen Schmuck, vorwiegend Brillantschmuck sowie eine Menge teuerster Kleider, Anzüge und Pelzmäntel. Daß er aus seiner „u. k."-Stellung nie herauskam, ist selbstverständlich. Er lebte während des Krieges wie im tiefsten Frieden und hielt sich stets reichliche Vorräte an Lebensmitteln aller Art, insbesondere Rauchfleisch und Dauerwürsten sowie ausländischen Likören., Schnäpsen und Rauchwaren. In Gleißental ist er bei seinen Nachbarn sehr unbeliebt und erregte ob seiner Großtuerei allgemeines Ärgernis. Reichhart war Mitglied der NSDAP, S.A., NSKK und

Blockwalter bei der Ortsgruppe München-Au. In der Au ist er auch als schwerer Denunziant bekannt und hat schon manche Anzeige bei der Gestapo erstattet.
Das Vermögen Reichharts sollte enteignet werden, ebenfalls der Besitz in Gleißental sowie die überflüssige Garderobe, die Personenautos und der Schmuck, denn alles dies ist nicht ehrlich verdient, sondern mit dem Blute so vieler unschuldiger Opfer erworben.

Die Anzeige wurde von der Stadtverwaltung an den Generalstaatsanwalt weitergeleitet, der wiederum am 27. September 1945 die Kriminalabteilung der Polizeidirektion München beauftragte, Erhebungen durchzuführen, insbesondere darüber, ob Reichhart in Deisenhofen tatsächlich eine von ihm bewohnte Villa besitze, ob und für wen die beiden angeblich ihm gehörenden Kraftwagen zugelassen seien und ob er zur Zeit in Arbeit sei.

Am 14. Oktober 1945 meldete der Gendarmerie-Posten Oberhaching an das Polizeipräsidium in München:

Der ehemalige Scharfrichter Hans Reichhart besitzt seit dem Herbst 1942 in Gleißental, Gemeinde Oberhaching, Landkreis München, ein kleines Häuschen, ist 7,50 Meter lang, 8 Meter breit und 2,50 Meter hoch und hat drei Wohnräume. Von einer Villa kann keine Rede sein. Wie ich feststellen konnte, befindet sich in der Garage des Reichhart ein Personenkraftwagen, Marke „Opel-Super", mit pol. Kennzeichen II A – 51 041, welcher nicht zum Verkehr zugelassen ist. Einen weiteren Pkw besitzt Reichhart angeblich nicht. Wie beim Bürgermeister Stelzer der Gemeinde Oberhaching festgestellt werden konnte, ist Reichhart als ein ganz einfacher Mann dahier bekannt. Reichhart ist seit ca. vier Wochen bei der Holzaktion eingesetzt und hat sich in keiner Weise geweigert, andere Arbeiten zu verrichten, wenn derselbe vom zuständigen Bürgermeister hiezu aufgefordert worden ist.

Der Generalstaatsanwalt verfolgte den Fall Reichhart nicht weiter. Die Justiz hatte offensichtlich keine Veranlassung, gegen den Scharfrichter des Dritten Reiches strafrechtlich vorzugehen. Dafür aber hing jetzt über dem Nachrichter Johann Reichhart das

Damoklesschwert der Spruchkammer. Solange Reichhart noch für die amerikanische Besatzungsmacht Henkersdienste verrichten mußte, hatte man ihn verschont. Doch als das getan war und die Dienste Reichharts nicht mehr benötigt wurden, war seine Freiheit zu Ende. Im Mai 1947 holte die Militärpolizei den Henker aus seiner Wohnung in Gleißental und brachte ihn nach Moosburg an der Isar ins Internierungslager. Die amerikanische Besatzung hatte das ehemalige Stammlager für kriegsgefangene Unteroffiziere und Mannschaften der alliierten Streitkräfte (StaLag VII A) in Moosburg zum Internierungslager für Hoheitsträger der NSDAP und für höhere SA- und SS-Angehörige gemacht. Im Kreise der NS-Prominenz wartete auch der Scharfrichter Reichhart auf sein Verfahren.

Doch schon nach wenigen Tagen wurde er schwer krank. Sein Kreislauf spielte verrückt, der Zustand war lebensbedrohlich, und Reichhart wurde in das Internierungskrankenhaus Garmisch verlegt. Auch dort befand er sich in der besten Gesellschaft hochkarätiger Würdenträger des Hitlerregimes.

Prominent unter den Häftlingen des Internierungslazaretts war zum Beispiel Franz von Papen, ehemaliger Vizekanzler Hitlers, dann Gesandter und Botschafter in Wien und in der Türkei. Im Nürnberger Prozeß war er von der Anklage freigesprochen worden, Kriegsverbrechen begangen zu haben. Außer dem SA-Obergruppenführer Brückner war auch noch Feldmarschall Sperrle ein Mithäftling Reichharts.

Die bekannteste Persönlichkeit aber war zweifellos Emmy Göring, die Frau des Reichsmarschalls Hermann Göring. Emmy Göring, geborene Sonnemann, war eine mittelmäßige Schauspielerin am Theater in Weimar gewesen, bevor sie Göring kennenlernte. Der Reichsmarschall, vorher schon einmal verheiratet und dann geschieden, heiratete sie 1935 in zweiter Ehe. Er liebte sie und seine 1938 zur Welt gekommene Tochter Edda abgöttisch. An der Seite des Reichsmarschalls führte Emmy Göring, die 29 Pelzmäntel besaß, ein unvorstellbares Luxusleben. Vermutlich war auch sie es gewesen, die ihrem zum Tode durch den Strang verurteilten Mann noch rechtzeitig die Zyankali-Kapsel in die Gefängniszelle geschmuggelt hatte.

Das Garmischer Internierungslazarett leitete SS-Arzt Professor Dr. Packhaus, das Pflegepersonal waren vormalige Sanitäter und Krankenschwestern in SS-Lazaretten. Ärzte, Personal und Patienten waren von ihm angehalten, Emmy Göring mit „Hohe Frau" anzusprechen. Diesen Titel hatte sie mit Billigung Hitlers nach der Heirat mit dem „Reichsmeier" verliehen bekommen. Nach der Geburt ihrer Tochter Edda war sie automatisch in die Partei aufgenommen worden. Der Reichsmarschall und Oberbefehlshaber der Luftwaffe hatte nach anfänglichen triumphalen Luftsiegen deutscher Jagdflieger im Überschwang seiner Euphorie den Ausspruch getan, er wolle „Meier" heißen, wenn es jemals einem feindlichen Flugzeug gelingen sollte, in das Reichsgebiet einzufliegen. Göring hatte sich zur Witzfigur gemacht. Allerdings lebte gefährlich, wer offen statt hinter der hohlen Hand über den „Reichsmeier" spottete.

Reichhart begegnete Emmy Göring auf dem Flur des Internierungslazaretts und grüßte sie mit: „Guten Tag, ‚Frau Göring'. Wie geht es Ihnen?" Entrüstet rümpfte sie die Nase. Wie konnte es der Mann auch wagen, so despektierlich zu sein. Grußlos entschwand sie in ein Zimmer, aus dem gleich darauf SA-Obergruppenführer und Oberst der Reserve Wilhelm Brückner stürmte und Reichhart anschnauzte: „Wie können Sie es wagen, die Dame auf dem Flur anzusprechen? Und dann auch noch mit ‚Frau Göring'. Alle im Hause wissen: Frau Göring führt den Titel ‚Hohe Frau'. Merken Sie sich's, Sie amerikanischer Henkersknecht."

Brückner beschimpfte Reichhart als Verräter, der besser sich selber umgebracht hätte, als den Amerikanern zu helfen, SS-Führer, SA-Kameraden und Parteigenossen zu hängen. Er sei ein Vaterlandsverräter und Volksschädling, der den Tod verdiene.

Der ehemalige NS-Scharfrichter fühlte sich im Lazarett wie ein Aussätziger. Er ahnte, daß ihn seine Mithäftlinge lieber tot als lebend gesehen hätten. Reichhart bangte sogar um sein Leben, besonders seitdem sich die Auseinandersetzungen mit SA-Obergruppenführer Brückner häuften und dieser ihm schließlich gedroht hatte: „Mit Hochverrätern und Feiglingen gehört kurzer Prozeß gemacht. Die gehören aufgeknüpft."

Reichhart raffte seinen Mut zusammen und entgegnete: „Gilt Ihre Meinung auch für Mörder in Uniform? Ich habe eine ganze Anzahl von solchen Verbrechern hingerichtet. Sie haben dabei gefehlt. Wer nämlich eine unschuldige Geisel erschießen läßt, ist ein Mörder. Kennen Sie vielleicht den Oberst der Reserve Wilhelm Brückner, der den Geiselmord in Frankreich befohlen hat?"
Geiselerschießungen waren zwar im 2. Weltkrieg vom Völkerrecht gedeckt, aber strafbar, wenn wie im Fall des Obergruppenführers ein Exzeß vorlag. Brückner hatte im Winter 1942/43 in Frankreich eine Geisel erschießen lassen. Er wurde wegen dieser Tat 1954 vor ein deutsches Gericht gestellt. Bevor es jedoch zu einer Verurteilung kam, starb er am 20. August 1954 in Herbsdorf im Landkreis Traunstein.
Reichharts Gesundheitszustand verschlechterte sich abermals. Verzweifelt über seine Lage und eingeschüchtert durch die Drohungen des SA-Obergruppenführers entschloß er sich, seinem Leben ein Ende zu setzen. Er schnitt sich mit dem Rasiermesser die Pulsadern auf. Ein Arzt rang gegen die Weisung des SS-Professors Dr. Packhaus um Reichharts Leben. Seine Anstrengungen hatten Erfolg. Als der Patient nach einigen Tagen aus dem Koma erwachte, hörte er den Arzt sagen: „Er lebt. Ich hätte keinen Deut mehr dafür gegeben, daß er noch einmal die Augen aufmacht."
Bald darauf erschien Professor Packhaus, im Gefolge Ärzte und Pfleger aus einem vormaligen Konzentrationslager, am Krankenbett des Reichhart. „Siehe da, der Henker im Dienste der Amerikaner. Er lebt ja immer noch." Wenn es jemand noch nicht gewußt hatte, daß Reichhart Scharfrichter war, jetzt erfuhr es auch der letzte Patient im Lazarett. Die SS-Schergen sahen den Ausspruch ihres Professors als Aufforderung, Reichhart ans Leben zu gehen. Sie droschen mit Fäusten auf den Wehrlosen ein, rissen ihn aus dem Bett auf den Boden und trampelten auf dem ausgemergelten Körper so lange herum, bis das Opfer erneut in ein tiefes Koma fiel.
Wieder holte ihn der Arzt ins Leben zurück, dem es schon einmal gelungen war, ihn dem Tod zu entreißen. Reichhart konnte es nicht fassen, daß man ihn nicht sterben ließ. So viele Hinrichtungen hatte er schnell und präzise vollzogen, nur seine eigene sollte scheitern.

Reichhart beklagte sich beim Arzt, warum er ihn nicht habe sterben lassen. Darauf antwortete der Doktor: „Für das, was Sie getan haben, müssen Sie noch etliches büßen. Sie können sich nicht einfach davonmachen. Was die Leute mit Ihnen angestellt haben, wird sich nicht wiederholen. Ihr Feind Brückner ist nicht mehr hier und auch Sie werden bald vor Gericht kommen."

Johann Reichhart vor der Spruchkammer in München.

Der Arzt sollte Recht behalten. Im Herbst 1947 wurde Reichhart wieder in das Internierungslager Moosburg a.d. Isar verlegt. Der Scharfrichter Reichhart, dem die Hinrichtung der Geschwister Scholl und des Professor Huber zur Last gelegt wurde, ebenso wie die Denunziation zweier Deutscher bei der Gestapo, galt wie die Kriegsverbrecher als Hauptschuldiger der Gruppe 1. Im Arbeitslager Moosburg a.d. Isar wartete er auf seinen Prozeß vor der Spruchkammer.

Die Spruchkammern, die in der amerikanischen Besatzungszone aufgrund des Gesetzes zu Befreiung von Nationalsozialismus und Militarismus vom 5. März 1946 urteilten und mit einem Vorsitzenden, zwei Beisitzern, einem öffentlichen Kläger und einem Protokollführer besetzt waren, kannten insgesamt fünf Stufen: Gruppe 1 war „Hauptschuldige", Gruppe 2 „Belastete oder Aktivisten", Gruppe 3 „Minderbelastete", Gruppe 4 „Mitläufer" und Gruppe 5 „Entlastete". Nachdem der Militärregierung in den Jahren nach dem Krieg zu wenig Berufsrichter zur Verfügung standen – entweder waren sie selbst belastet oder befanden sich noch in Kriegsgefangenschaft – konnte sie für die Spruchkammerverfahren auch Rechtsanwälte zu Vorsitzenden bestimmen.

Am 13. Dezember 1948 begann vor der Spruchkammer IV in München die Verhandlung gegen den Scharfrichter des Dritten Reiches. Johann Reichhart verteidigte sich, er habe mehrmals versucht, aus seinem Nachrichtervertrag herauszukommen. Nur weil man ihm schließlich mit dem KZ gedroht habe, falls er seine Pflicht gegenüber dem Staat nicht weiter erfüllen wolle, habe er weitergemacht.

Um zu einer gerechten Urteilsfindung zu kommen, fragte der Vorsitzende der Spruchkammer im Bayerischen Justizministerium nach, ob Reichhart bei den im Dritten Reich geltenden Rechtsbestimmungen für Scharfrichter seine Stellung hätte kündigen können, ohne dadurch ernsthaft in Schwierigkeiten zu geraten. Das Ministerium legte sich nicht fest: „Risikoreich wäre eine entschlossene Kündigung für Reichhart aber zweifellos gewesen, und es hätte durchaus erhebliche Nachteile für seine Person einbringen können."

Vom Spruchkammervorsitzenden zu einem Schlußwort aufgefordert, sagte Reichhart: „Ich habe Todesurteile vollzogen in der festen

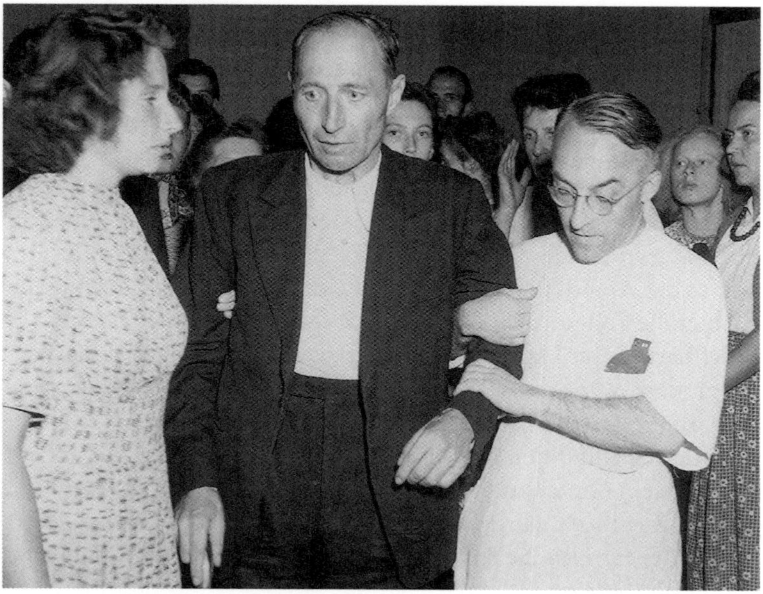

Nach dem Urteil der Spruchkammer wird Johann Reichhart von einem Krankenpfleger aus dem Verhandlungssaal geleitet.

Der Sohn verfolgt aufmerksam die Verhandlung der Spruchkammer gegen seinen Vater.

Überzeugung, dem Staat mit meiner Arbeit zu dienen und rechtmäßig erlassene Gesetze zu befolgen. Erst jetzt ist mir so recht bewußt geworden, wie sehr ich in meinem blinden Glauben und Gehorsam gegen den Staat und seine Oberen ausgenutzt, ja mißbraucht worden bin. Ich habe Mörder, Gewaltverbrecher, Hochverräter und Volksschädlinge enthauptet und gehenkt, weil ich an der Rechtmäßigkeit der Todesurteile nicht zweifelte. Ich werde aber alles tun, um sicherzustellen, daß ich der letzte Reichhart gewesen bin, der sich in das Amt des Nachrichters hineindrängte. Mögen künftig die Richter die Todesurteile selber vollstrecken."

Reichharts Sohn Hans saß während der beiden Verhandlungstage neben dem Vater und versuchte diesen immer wieder aufzumuntern und zu trösten. Er griff schließlich nach der Hand, die ein paar tausend Mal den Hebel der Guillotine bedient hatte, führte diese an sein Gesicht und benetzte sie mit seinen Tränen.

Johann Reichhart wurde nach zweitägiger Verhandlung als „Belasteter" der Gruppe 2 eingestuft. Ihm wurden folgende Sühnemaßnahmen auferlegt:

1. *Einweisung in ein Arbeitslager für die Dauer von 2 Jahren zur Verrichtung von Wiedergutmachungs- und Aufbauarbeiten. Die bereits verbüßte Haft von $1^1/_2$ Jahren wird angerechnet.*
2. *Einziehung von 50% des Vermögens einschließlich Sachwerte.*
3. *Dauernde Unfähigkeit, ein öffentliches Amt einschließlich des Notariats und der Anwaltschaft zu bekleiden.*
4. *Verlust des Wahlrechts, der Wählbarkeit sowie des Rechts, sich irgendwie politisch zu betätigen oder einer politischen Partei als Mitglied anzugehören.*
5. *Verlust der Rechtsansprüche auf eine aus öffentlichen Mitteln zahlbare Pension oder Rente.*
6. *Verbot, Mitglied einer Gewerkschaft sowie einer wirtschaftlichen oder beruflichen Vereinigung zu sein.*
7. *Verbot auf die Dauer von 5 Jahren:*
   a) in einem freien Beruf oder selbständig in einem Unternehmen oder gewerblichen Betrieb jeglicher Art tätig zu sein, sich daran zu beteiligen oder die Aufsicht oder Kontrolle hierüber auszuüben,

b) in nichtselbständiger Stellung anders als in gewöhnlicher Arbeit beschäftigt zu werden,
c) als Lehrer, Prediger, Schriftsteller, Redakteur oder Rundfunkkommentator tätig zu sein.

8. *Der Betroffene unterliegt Wohnungs- und Aufenthaltsbeschränkungen nach Anordnung des Wohnungsamtes oder sonst zuständiger Stellen.*
9. *Er verliert alle ihm erteilten Approbationen, Konzessionen und das Recht, einen Kraftwagen zu halten.*
10. *Der Betroffene trägt die Kosten des Verfahrens. Streitwert: 26 000 Mark.*

Mit dem Urteil der Spruchkammer war zum ersten Mal nach dem Krieg eine breitere Öffentlichkeit auf den Scharfrichter des NS-Regimes aufmerksam geworden. Ein Student, der 1948 eine Doktorarbeit über die Todestrafe während der Herrschaft der Nationalsozialisten vorlegte, beschrieb seinen Besuch bei dem Verfemten: „Um Näheres über die Vollstreckung der Stadelheimer Todesurteile zu erfahren, habe ich den Scharfrichter Reichhart in seinem Häuschen in der Nähe von München aufgesucht. Ein mittelgroßer, etwa 50jähriger kahlschädliger Mann von athletischem Körperbau empfing mich, sichtlich darüber erfreut, daß ihn jemand der Ehre eines Besuches würdigte, denn die gesellschaftliche Isolierung, unter der er zu leiden hat, ist ziemlich vollständig: seine Nachbarn grüßen ihn nicht und kaum jemand gibt ihm die Hand. Diese Isolierung ist wohl auch der Grund, der ihn zu seinem Beruf gebracht hat: Scharfrichter Reichhart übt sein blutiges Handwerk in der neunten Generation seiner Familie aus... Aber er will jetzt den Bann brechen, sein Sohn soll ein ehrliches Handwerk erlernen."
Dazu ist es jedoch nicht mehr gekommen. Das Spruchkammerurteil gegen den Vater hatte den Sohn tief getroffen. Es war für ihn unfaßbar, daß jemand für etwas büßen mußte, das außerhalb seiner Verantwortlichkeit lag. Darüber wäre er noch hinweggekommen. Verzweifelt war er an der Häme, die ihm auf Schritt und Tritt begegnete, an den Demütigungen, die ihm andauernd widerfuhren, und an der Schande, die der Beruf des Vaters über die Familie

gebracht hatte. Es war, als würde sich ein Fluch, der über der bayerischen Scharfrichterfamilie lag, erfüllen. Hans ertrug dies alles nicht mehr. 1950 schied er, erst 23 Jahre alt, freiwillig aus dem Leben.
Der bereits schwer nervenleidende Johann Reichhart legte gegen das Urteil Berufung ein. Er wurde wegen seines angegriffenen Gesundheitszustandes bis zur Berufungsverhandlung auf freien Fuß gesetzt mit der Maßgabe, auf Veranlassung der Wohngemeinde öffentliche Arbeiten zu verrichten. Der Ortsbürgermeister bescheinigte ihm Loyalität und Zuverlässigkeit. Die Berufungskammer – 15. Senat – in München fällte schließlich am 29. November 1949 den mit dem gleichen Tag rechtskräftigen Spruch:

1. *Auf die Berufung des Betroffenen wird der Spruch der Spruchkammer IV München vom 17.12.1948 dahin abgeändert, daß die Einweisung in ein Arbeitslager auf die Dauer von $1^1/_2$ Jahre ermäßigt wird und durch die verbüßte politische Haft von $1^1/_2$ Jahren als getilgt gilt. Die Vermögenseinziehung wird auf 30% des Vermögens einschließlich der Sachwerte ermäßigt. Im übrigen wird die Berufung des Betroffenen verworfen. Die Berufung des öffentlichen Klägers wird ebenfalls verworfen.*
2. *Die Kosten beider Instanzen fallen dem Betroffenen zur Last.*
3. *Der Streitwert beträgt 26000 Mark.*

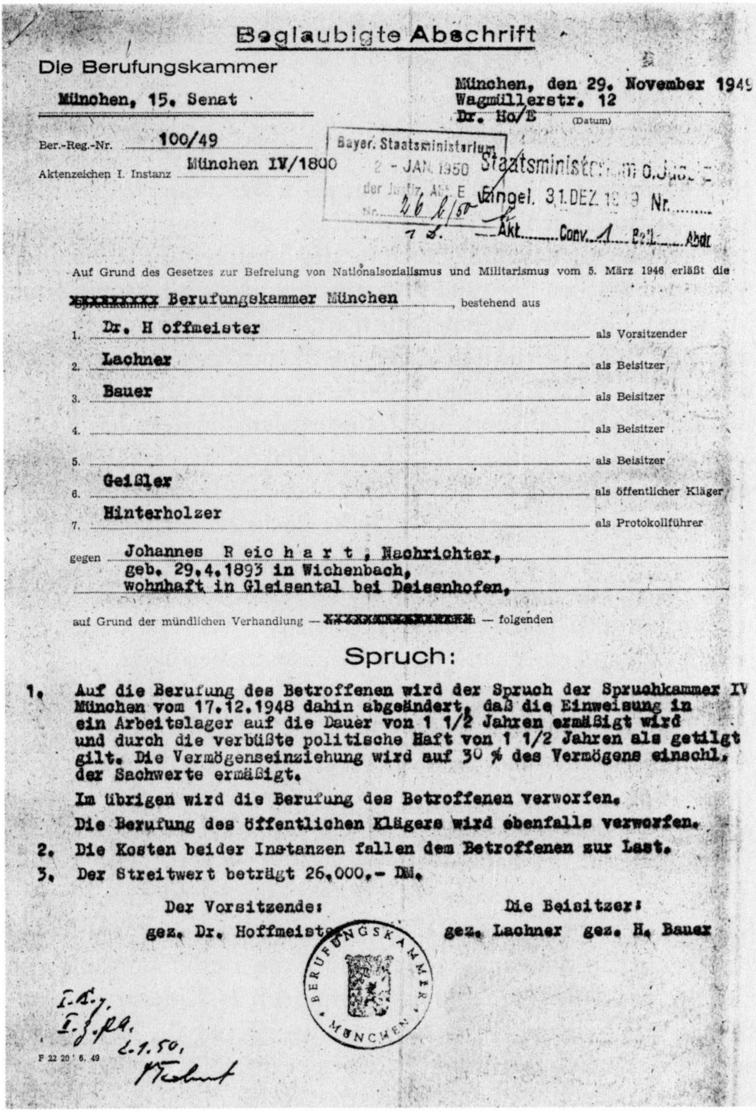

Beglaubigte Abschrift

Die Berufungskammer
München, 15. Senat

München, den 29. November 1949
Wagmüllerstr. 12
Dr. Ho/E (Datum)

Ber.-Reg.-Nr. 100/49
Aktenzeichen I. Instanz München IV/1800

Bayer. Staatsministerium
2 - JAN. 1950
der Justiz, Abt. E
Nr. 26 l/50

Staatsministerium d. Justiz
Eingel. 31. DEZ. 1949 Nr. ......
Akt. ...... Conv. 1 Beil. ...... Abdr.

Auf Grund des Gesetzes zur Befreiung von Nationalsozialismus und Militarismus vom 5. März 1946 erläßt die

xxxxxxxxx Berufungskammer München, bestehend aus

1. Dr. Hoffmeister als Vorsitzender
2. Lachner als Beisitzer
3. Bauer als Beisitzer
4. als Beisitzer
5. als Beisitzer
6. Geißler als öffentlicher Kläger
7. Hinterholzer als Protokollführer

gegen Johannes Reichart, Nachrichter,
geb. 29.4.1893 in Wichenbach,
wohnhaft in Gleisental bei Deisenhofen,

auf Grund der mündlichen Verhandlung — xxxxxxxxxxxxxxx — folgenden

Spruch:

1. Auf die Berufung des Betroffenen wird der Spruch der Spruchkammer IV München vom 17.12.1948 dahin abgeändert, daß die Einweisung in ein Arbeitslager auf die Dauer von 1 1/2 Jahren ermäßigt wird und durch die verbüßte politische Haft von 1 1/2 Jahren als getilgt gilt. Die Vermögenseinziehung wird auf 30 % des Vermögens einschl. der Sachwerte ermäßigt.

Im übrigen wird die Berufung des Betroffenen verworfen.

Die Berufung des öffentlichen Klägers wird ebenfalls verworfen.

2. Die Kosten beider Instanzen fallen dem Betroffenen zur Last.

3. Der Streitwert beträgt 26.000.- DM.

Der Vorsitzende:
gez. Dr. Hoffmeister

Die Beisitzer:
gez. Lachner gez. H. Bauer

BERUFUNGSKAMMER MÜNCHEN

F 22 20 ' 6. 49

Die Berufungskammer fällte am 29. November 1949 den endgültigen Spruch über den Scharfrichter des NS-Regimes.

3009 Menschen – davon 250 Frauen – waren von 1924 bis 1945 durch Johann Reichhart hingerichtet worden: Mörder, Berufsverbrecher, aber auch zahlreiche Opfer des NS-Regimes. Allein 2805 waren es zwischen 1940 und 1945 gewesen, als Reichhart zwischen München, Dresden, Weimar, Stuttgart, Prag und Wien unterwegs war. Zählt man die auf Befehl der amerikanischen Militärmacht in Landsberg am Lech gehenkten 156 Kriegsverbrecher hinzu, ergibt sich eine Gesamtzahl von 3165 Todesurteilen, die Reichhart in den 23 Jahren seiner Tätigkeit als Scharfrichter vollstreckte. Reichhart war dabei ein vermögender Mann geworden. Im Jahr 1943 hatte ihm sein Amt insgesamt 41748,20 Reichsmark eingebracht, eine Summe, mit der man sich damals ein Haus kaufen konnte. 1944 waren es immer noch 28009,35 Reichsmark gewesen, die er mit seinem blutigen Handwerk verdient hatte, während dann 1945 seine Einkünfte nur noch 2925,40 Reichsmark betrugen.
Auch nach dem Zusammenbruch des Hitlerreiches war Reichharts Amt als Scharfrichter nicht zu Ende – jedenfalls vorerst. Am 6. April 1946 und dann am 7. Februar 1947 hatte das Bayerische Staatsministerium der Justiz mit Reichhart einen neuen Arbeitsvertrag geschlossen, der u. a. auch die Grundlage für Reichharts Tätigkeit unter der Militärregierung gebildet hatte. Die Todesstrafe war ja in Deutschland in den Jahren unmittelbar nach dem Krieg noch nicht abgeschafft. Zwischen 1946 und 1949 wurden in den westlichen Besatzungszonen und Groß-Berlin aufgrund von Urteilen deutscher Gerichte insgesamt noch 24 Todesurteile vollstreckt. Auch in Bayern wurde nach dem Krieg die Todesstrafe noch mehrfach von Anklagevertretern beantragt, verhängt wurde sie nicht mehr. So hatte am Ende der Verhandlung des Landgerichts Weiden, die im Februar 1948 in Regensburg stattfand, der Staatsanwalt für den angeklagten Gauleiter Ruckdeschel und den ebenfalls wegen Rechtsbeugung angeklagten Landgerichtsdirektor Schwarz die Todesstrafe gefordert. Beide waren verantwort-

lich für den Tod des Regensburger Dompredigers Dr. Maier, der nach einem Standgerichtsverfahren am 24. April 1945 erhängt worden war. Ruckdeschel und Schwarz wurden am 19. Februar 1948 lediglich zu Zuchthausstrafen verurteilt.

Offiziell beendet war das Arbeitsverhältnis des letzten deutschen Scharfrichters erst, nachdem das Grundgesetz der Bundesrepublik Deutschland vom 23. Mai 1949 mit Artikel 102 die Todesstrafe für abgeschafft erklärt hatte. Auch wenn der Freistaat Bayern das Grundgesetz damals ablehnte, hatte dies auf die weitere Entwicklung keinen Einfluß. Johann Reichhart war und blieb der letzte einer blutigen Dynastie.

Im Gegensatz zur Bundesrepublik sollte in Frankreich die Todesstrafe erst 1981 abgeschafft werden. Die letzte Hinrichtung erfolgte dort im November 1972, als der Scharfrichter André Obrecht, der seit 1951 im Dienst war, die Geiselmörder Claude Buffet (39) und Roger Bontemps (36) mit der Guillotine enthauptete. Erst dann hatte die Erfindung des Dr. Guillotin für immer ausgedient.

Reichhart entsprach sicherlich nicht dem Klischee, das sich die Zeitgenossen von einem Scharfrichter gemacht hatten. Im Gegensatz zu den Schergen des NS-Regimes war er kein grausamer oder gar sadistisch veranlagter Mensch. Er hatte sich der Familientradition verpflichtet gefühlt, im höchstrichterlichen Auftrag die Todesstrafe zu vollziehen, und zwar in der Weise, die bereits Dr. Guillotin 1792 vor dem französischen Nationalkonvent gefordert hatte: kurz und schmerzlos. Er konnte den Delinquenten, wenn sie unter das Fallbeil geschoben wurden, zwar nicht die Todesangst nehmen. Aber er konnte dafür sorgen, daß der letzte Moment der zum Tod Verurteilten so kurz wie möglich war.

Eine andere Frage ist freilich, wie ein Mensch innerlich beschaffen sein muß, um das Amt eines Scharfrichters auszuüben. In jedem Fall muß er vom Sinn und der Notwendigkeit der Todesstrafe überzeugt sein. Er muß überzeugt sein, daß sein Handgriff, der den Tod eines Menschen zur Folge hat, im Auftrag des Gesetzes geschieht, und daß der Nachrichter nur das ausführt, was andere Richter auf gesetzlicher Grundlage beschlossen haben. Man kann einen Scharfrichter nicht für die Todesurteile verantwortlich machen, die andere gefällt haben. Auch nicht für Unrechtsurteile.

Auch Henri Sanson mußte nicht für die Hinrichtung zahlreicher unschuldiger Opfer büßen, die unter der Schreckensherrschaft während der französischen Revolution zum Tod verurteilt wurden. Johann Reichhart hatte zeitlebens am eigenen Leib erfahren, was es bedeutete, dieses blutige Handwerk auszuüben. Auch wenn er stets zum schwarzen Anzug weiße Handschuhe, einen Spazierstock mit Silberknauf und eine graue Melone trug, so war und blieb doch sein Beruf vom Volk geächtet. Der Scharfrichter handelte wider das göttliche Gebot „Du sollst nicht töten!" Zwar wurde seine furchtbare Arbeit durch das vom Staat ausgeübte Machtmonopol gedeckt, moralisch aber fand sie durch die Mehrheit der Staatsbürger keine Billigung, und zwar vom Mittelalter bis in unsere Zeit.

In Reichharts Familie, in der das Amt des Nachrichters zur Familientradition geworden war, hielt es niemand für anrüchig und ehrlos. Im Gegenteil: Dort galt der Beruf als eine unumgängliche und nicht weiter zu hinterfragende Tätigkeit, die dem Staat diente. Nach dem Spruchkammerurteil hatte der letzte deutsche Scharfrichter kurz die Aufmerksamkeit der Öffentlichkeit auf sich gezogen. Der Münchner Journalist Erich Helmensdorfer besuchte ihn in Deisenhofen und veröffentlichte das Interview 1949 im „Deutschen Kriminalmagazin Pitaval". Doch das Interesse war nicht allzu groß. Die Publikation Helmensdorfers ging über zwei Fortsetzungen nicht hinaus.

Reichhart, der sich dem 60. Lebensjahr näherte, besaß keinerlei Ansprüche auf eine Rente. Darüber hinaus durfte er zunächst keiner wie auch immer gearteten beruflichen Tätigkeit nachgehen. Sein Haus in Gleißental war verkauft worden; ein Teil der Summe, die der Verkauf erbracht hatte, wurde gemäß dem Spruchkammerbescheid eingezogen. Von dem Rest mußte Reichhart seinen Lebensunterhalt bestreiten. Er lebte fortan im Haus seiner langjährigen Freundin Erika F. in Deisenhofen und fabrizierte dort Haarwasser und Parfüm. Außerdem züchtete er wieder Rassehunde. Rabenschwarze „Mittelschlag-Schnauzer" waren seine Lieblinge. Die Erträge aus der Hundezucht waren recht dürftig und reichten nur soweit, den Kopf aus dem Wasser zu halten, das ihm bis zum Halse stand. Als seine Geldmittel aufgebraucht waren, sah sich der

einst vermögende Mann auf die Gnade und Barmherzigkeit seiner Lebensgefährtin Erika F. angewiesen, die Jahre zuvor dank seiner finanziellen Großzügigkeit ein Leben in Wohlstand geführt hatte.
Johann Reichhart unternahm alles mögliche, um verlorene Freunde wieder zurückzugewinnen, und es war ihm auch sehr daran gelegen, seine Vergangenheit als Scharfrichter zu vergessen und mit den Menschen, die er kannte, in Würde und Anstand zusammenzuleben. Als er schließlich in bittere Armut geraten war, unterstützten ihn gelegentlich ein paar Verwandte. Am meisten war seine Schwester um ihn besorgt. Obwohl selbst nicht gerade mit Gütern gesegnet, half sie, dem verfemten Bruder das Leben einigermaßen erträglich zu gestalten. Sie übernahm auch die Kosten, die sein späterer Heimaufenthalt verursachte. Zuletzt bekam Johann Reichhart eine bescheidene Invaliden- und Militärrente in Höhe von 220 Mark.
Als 1963 in der Bundesrepublik die Diskussion über die Todesstrafe aufflammte und ein großer Teil der Bevölkerung mit wachsender Leidenschaft für die Wiedereinführung der Todesstrafe

1963 plädiert Johann Reichhart für die Wiedereinführung der Todesstrafe, die seiner Meinung nach nur mit der Guillotine vollzogen werden soll.

plädierte, bildeten zahlreiche Banküberfälle und Taximorde das Hauptmotiv für die in Köln erfolgte Gründung des „Vereins zur Wiedereinführung der Todesstrafe e.V.“ Damals meldete sich auch Johann Reichhart nochmals zu Wort. Reichhart, zum Ehrenmitglied des Kölner Vereins ernannt, sprach sich vor Journalisten dafür aus, nicht nur Mörder, die mit Vorbedacht handelten, sondern auch Sittlichkeitsverbrecher, die ihre unschuldigen Opfer auf bestialische Weise töteten, dem Henker zu überantworten. Der ehemalige Scharfrichter machte bei seiner Forderung allerdings eine Einschränkung: „Die Todesstrafe, wenn sie wieder eingeführt wird, muß mit der Guillotine vollzogen werden.“ Nur widerstrebend erinnerte er sich, daß er nach 1945 von den Amerikanern gezwungen worden war, beim Aufhängen zu helfen. „Das war schrecklich,“ meinte Reichhart und betonte, daß er als vielbeschäftigter Scharfrichter des Dritten Reiches stets nur mit dem Fallbeil gearbeitet habe. Dies sei, so erklärte er damals der Deutschen Presse-Agentur, die schnellste und sauberste Methode.
In Wirklichkeit aber hatte er auch mit dem Galgen gearbeitet, und die Tatsache, daß die Amerikaner ihren Mastersergeanten Woods von ihm hatten unterrichten lassen, beweist, daß er auch Erfahrung auf diesem Gebiet gehabt haben muß.
Doch dann wurde es still um den letzten bayerischen Scharfrichter. Sehr still. Wegen seines einstigen Berufes weiterhin gebrandmarkt, angefeindet, verfemt und geächtet, blieb er bis ins hohe Alter hinein einsam und unglücklich. Immer öfter verfolgten ihn Selbstmordgedanken. Er mag an den englischen Henker John Ellis gedacht haben, der sich 1932 nach seiner Pensionierung die Kehle durchschnitt, an den deutschen Scharfrichter Schwietz, der sich ebenso erschoß wie sein Nachfolger Spaethe. Auch der k.u.k. Scharfrichter Josef Lang, der im Volksmund „Hauptmann Pepi“ oder „der schöne Pepi“ genannt wurde und der sich 1936 am Fensterkreuz seiner Wiener Wohnung erhängte, konnte den Gespenstern seiner Vergangenheit nicht entfliehen.
Sehr viele Henker wurden von den Schatten ihrer Opfer verfolgt und schließlich in den Tod getrieben. Der Henker des Staates Victoria in Australien hatte sich 1924 die Kehle durchschnitten, der berühmte polnische Henker Josef Maciejewski, der aus einer

adeligen Familie stammte, erhängte sich. Der alte Peter Kowace, Henker von Ungarn, schoß sich eine Kugel in den Mund. Reichhart wußte: Henker sterben einsam.
Er wußte aber auch, daß etliche Scharfrichter über die furchtbaren Erinnerungen im Alter den Verstand verloren und ihren Lebensabend in einer psychiatrischen Klinik verbracht hatten. Der russische Henker Filipijew, der unter dem letzten Zaren und während der Revolution 937 Menschen gehängt hatte, war 1920 in geistiger Umnachtung gestorben. Mit Schrecken entsann sich Reichhart des bayerischen Scharfrichters Lorenz Schellerer, der 1880 in einer Münchner Irrenanstalt starb. Reichhart fürchtete, dieses Schicksal teilen zu müssen.
Doch noch einmal Hand an sich zu legen, dazu fehlte ihm jetzt die Kraft. Vergeblich hoffte er darauf, eines Tages wenigstens von der Gesellschaft wieder akzeptiert und anerkannt zu werden. Menschliches Verständnis für seine Situation konnte er kaum erwarten.
Zunehmend geschwächt und schwer nervenleidend, mußte Reichhart bald darauf seine Hundezucht aufgeben. Im August 1969 wurde er als dauernder Pflegefall vom Krankenhaus München-Perlach in das Pflegeheim Algasing eingewiesen. Als es mit ihm zu Ende ging, brachte man ihn in das Krankenhaus Dorfen bei Erding. Einsam starb dort der letzte bayerische Scharfrichter am 26. April 1972, drei Tage vor Vollendung seines 79. Lebensjahres. Der Leichnam wurde nach München überführt und dort am 2. Mai 1972 im Krematorium des Ostfriedhofes eingeäschert. Seine Urne ruht im Familiengrab Reichhart, in dem auch der 1934 im Alter von 83 Jahren verstorbene Onkel Franz Xaver, der Reichharts Vorgänger im Scharfrichteramt war, und Reichharts Sohn Hans bestattet sind.
Die Hinrichtungsstätte in der Strafanstalt München-Stadelheim gibt es nicht mehr. Die Holzbaracke, in der mehr als 1200 Menschen von Johann Reichhart in den Jahren zwischen 1937 und 1945 enthauptet wurden, mußte Mitte der sechziger Jahre einem Neubau weichen. Sie wurde abgerissen, denn nichts sollte mehr an jene Stätte erinnern, an der Deutschlands letzter Scharfrichter zwanzig Jahre lang sein blutiges Handwerk ausübte. Oder doch?

Ein im Lichthof des Neubaus errichteter Gedenkstein ist jenen Frauen und Männern gewidmet, die einem unseligen Regime die Stirn boten, für ein friedvolles und freies Vaterland kämpften und dafür zum Tod verurteilt und hingerichtet wurden.
Der Stein trägt die Inschrift: „Den Opfern der Gewaltherrschaft 1933–1945".
Besucher legen im stillen Gedenken Blumen nieder, und an der Wand rechts nach dem Zugang zum Lichthof hängt an einer Steinplatte ein Kranz als Zeichen der Trauer und der Mahnung.
Das Ende der Guillotine schilderte Johann Reichhart dem Münchner Journalisten Erich Helmensdorfer: „Als sich im Frühjahr 1945 amerikanische Truppen der Stadt München näherten, wurde die Fallschwertmaschine abgebaut und auf einem Lastwagen nach Straubing transportiert. Die Amerikaner kamen auch dorthin. Wenige Tage vor ihrem Einmarsch versenkten Angestellte des dortigen Gefängnisses die Guillotine in den Fluten der nahe vorbeifließenden Donau. Ihr Schicksal, das sie nicht ganz 100 Jahre alt werden ließ, hatte sich erfüllt. Sie wurde nie wieder gehoben und ruht, für alle Zeiten unter einer Sand- und Schlammschicht vergraben, auf dem Grund der Donau."
Hoffen wir, daß diese Geschichte stimmt und daß die Guillotine nie mehr auferstehen wird.

Das Krankenhaus Dorfen, in dem Johann Reichhart am 26. April 1972 starb.

Im Familiengrab auf dem Münchner Ostfriedhof ruhen Franz Xaver Reichhart und Johann Reichhart sowie dessen Sohn Hans, der sich 1950 das Leben nahm.

NACHWORT

Von Prof. Dr. Friedrich-Christian Schroeder

I. Zur Geschichte der Todesstrafe und ihrer Vollstreckung

Die Entstehung der Todesstrafe ist mit der Entstehung des öffentlichen, staatlichen Strafrechts überhaupt verbunden. Die Urform der Reaktion auf Unrecht sind die private Rache und die Fehde zwischen den Sippen, innerhalb der Sippen das Recht zur Ausstoßung, das den Betroffenen schutzlos macht, und in schweren Fällen auch zur Tötung des Sippenmitglieds. Die ältesten Formen der im Namen der Gemeinschaft verhängten Todesstrafe werden vorwiegend bei Religions- und Kultverbrechen verhängt und sind dann eng verbunden mit der Vorstellung einer Opferung des Frevlers zur Versöhnung der erzürnten Gottheit. In der Sklavenhaltergesellschaft entwickelt sich das Recht zur Tötung eigener Sklaven, in der Despotie das Recht zur unumschränkten Bestrafung durch den Despoten. Als ein Ansatz zur Entwicklung der Todesstrafe erweist sich auch der Gedanke der Talion, d.h. der Vergeltung von Gleichem mit Gleichem, wie sie in dem Mosaischen Ausspruch „Auge um Auge, Zahn um Zahn", aber auch schon in dem Gesetzbuch Hamurabis von Babylon enthalten ist. Danach muß die Tötung ihrerseits mit der Tötung vergolten werden. Diese Strafen werden auch als „spiegelnde Strafen" bezeichnet (z.B. Feuertod des Brandstifters), wirken sich aber vor allem bei den Körperstrafen aus (Abhacken der Hand des Diebes, der Schwurhand des Meineidigen, Abschneiden der Zunge bei Gotteslästerung).

In der Folgezeit bilden sich mannigfache Arten der Vollstreckung der Todesstrafe heraus. Die Gründe für die Differenzierung sind zum Teil der erwähnte „spiegelnde" Charakter, zum Teil archaische Vorstellungen (Ertränken, Verbrennen, Lebendigbegraben als Überantwortung an die Elemente), nicht zuletzt aber auch in Zeiten, in denen die Gesellschaft noch nicht über größere Gefängnisse verfügte und damit die Todesstrafe nahezu das einzige Reak-

tionsmittel war, der Versuch, noch diese Sanktion nach der Schwere der begangenen Tat zu differenzieren. Diese Differenzierung erfolgte teilweise nach dem Ausmaß der mit der Vollstreckung verbundenen Schmerzen und Qualen, teilweise nach der damit verbundenen Entehrung. So galt das Hängen als besonders entehrend, wobei dieser entehrende Charakter oft noch durch das gleichzeitige Aufhängen von Tieren verstärkt wurde.
Die Peinliche Gerichtsordnung Karls V., 1532 in Regensburg verabschiedet und als Werk des Humanisten Johann von Schwarzenberg gepriesen, kannte folgende Arten der Todesstrafe:

Vierteilung
Rädern
Verbrennen
Hängen
Ertränken
Vergraben und Pfählen
Schwertstrafe

Einige dieser Strafen konnten noch durch Schleifen zur Richtstatt oder das Reißen mit glühenden Zangen oder beides verschärft werden.
Noch das bayerische Strafgesetzbuch von 1751, der „Codex Juris Bavarici Criminalis", nannte als Strafen:

Vierteilung
Rädern
Hängen
Verbrennen
Schwertstrafe

Auch hier war eine Verschärfung durch Schleifen zur Richtstatt, Reißen mit glühenden Zangen und zusätzlich noch durch Schneiden von Riemen aus der Haut und Ausreißen der Zunge möglich, andererseits beim Rädern, der Verbrennung und der Vierteilung eine Milderung durch vorherige Strangulierung oder Enthauptung möglich.
Einen Wandel brachte erst die Aufklärung. In Preußen schränkte Friedrich der Große ab 1743 die Todesstrafe ein. 1764 erschien in

Italien das Buch „Dei delitti e delle pene“ („Von Verbrechen und Strafen“) des Marquis Cesare de Beccaria, das für eine Humanisierung des Strafrechts und für eine fast völlige Abschaffung der Todesstrafe eintrat. Es erlebte etwa vierzig italienische Auflagen und zahlreiche Übersetzungen in fremde Sprachen, darunter schon bis 1798 sechs ins Deutsche. Es entwickelte sich zum „Manifest“ der Gegner der Todesstrafe. Der oberpfälzische Regierungsreferent Felix von Löwenthal schrieb in seinem Gutachten zur Planung des Zuchthauses in Amberg 1780 die einschlägigen Passagen ab und reichte sie dem bayerischen Kurfürsten Carl Theodor ein. Dieser bezeichnete das Gutachten in seinem Reskript vom 6. 6. 1781 als „ebenso blätterreich als leeres Räsonnement und Wortgepräng“. „Wenn die ... Todesstrafe ... hinfüro gänzlich aufhören und an deren Stelle nur die Condemnation ad opera publica eintreten sollte, so würde nicht nur das vorgeschlagene Zuchthaus, sondern auch die ganze Stadt Amberg für so viele Diebe, Räuber und Übeltäter womit das Land überschwemmt ist, allzu klein, folglich die Unsicherheit noch weit größer sein, als sie bisher jemal gewesen ist“.[1] Joseph II. schaffte zwar 1787 in Österreich die Todesstrafe völlig ab, ersetzte sie aber durch die Strafe des Schiffsziehens, insbesondere entlang der Donau, bei der die Sträflinge oft bis zur Brust im Morast versanken und meist nach kurzer Zeit an Entkräftung und Lungenentzündung starben.

Im übrigen setzte sich in Deutschland in der zweiten Hälfte des 18. Jahrhunderts nur die Abmilderung durch, daß bei den verschärften Todesstrafen der Täter regelmäßig vorher unbemerkt getötet wurde.

Als Gegner einer Abschaffung der Todesstrafe erlangte am Ende des 18. Jahrhunderts vor allen Dingen der Philosoph Kant einen größeren Einfluß. Er vertrat aufgrund philosophischer Ableitung ein reines Vergeltungsstrafrecht und kam daraus zu der Ansicht: „Es ist keine Gleichwertigkeit zwischen einem noch so kummervollen Leben und dem Tode, also auch keine Gleichheit des Verbrechens und der Wiedervergeltung als durch den am Täter gerichtlich vollzogenen Tod“. Er sah in der Auffassung Beccarias das „Ergebnis einer teilnehmenden Empfindelei, einer affektierten Humanität“.[2] Immerhin verlangte Kant, die Hinrichtung müsse frei sein „von aller Mißhandlung, welche die Menschheit in der leidenden Person zum Scheusal machen könnte".

1792 wurde in Frankreich auf Antrag des Arztes Guillotin im Interesse der Humanität die Vollstreckung der Todesstrafe durch das Fallbeil beschlossen. Durch Gesetz vom 27. 7. 1809 wurde in Bayern immerhin als alleinige Vollstreckungsart die Hinrichtung durch das Schwert angeordnet. Dagegen wurde in Preußen das Rädern erst 1811 abgeschafft, die letzte öffentliche Hinrichtung durch Feuer erfolgte noch 1813 (beides wurde allerdings mit heimlicher vorheriger Tötung vollzogen).

Die deutschen Strafgesetzbücher des 19. und 20. Jahrhunderts bestimmten die Art der Vollstreckung der Todesstrafe als „Enthauptung". Diese Bestimmung ließ drei Vollstreckungsarten offen, nämlich durch das Schwert, das Beil oder das Fallbeil. Die nähere Festlegung war den einzelnen Ländern überlassen. Die Hinrichtung durch das Fallbeil wurde ab 1818 in zahlreichen deutschen Ländern eingeführt, darunter 1854 in Bayern. Hingegen erfolgte in Preußen die Hinrichtung durch das Beil, in Mecklenburg, Anhalt, Bremen und anderen kleineren Ländern durch das Schwert.

Die Paulskirchenverfassung von 1849 sah in § 139 die Abschaffung der Todesstrafe vor. Daraufhin wurde sie in einer Reihe der deutschen Einzelstaaten aufgehoben. Die Reaktion führte jedoch in den meisten dieser Staaten zur Wiederherstellung der Todesstrafe. Immerhin hielten Oldenburg, Anhalt und Bremen an der Beseitigung fest; Sachsen schaffte noch 1868 die Todesstrafe ab.

Im Strafgesetzbuch für den Norddeutschen Bund, das 1871 zum Reichsstrafgesetzbuch erklärt wurde, hatte der Reichstag bei der zweiten Lesung die Todesstrafe beseitigt. Als daran die Vereinigung zu scheitern drohte, wurde sie nach mehrmaligem persönlichem Eingreifen des Reichskanzlers Bismarck dann doch beibehalten, allerdings nur noch für Mord und für schwere Militärstraftaten im Kriege. Für letztere wurde die Vollstreckungsart des Erschießens eingeführt. In seiner Verordnung vom 21. 7. 1921 sah Bayern allgemein die Vollstreckung durch Erschießen vor.

Die nationalsozialistische Herrschaft brachte dann eine ungeheure Ausweitung der Androhung und auch der Verhängung der Todesstrafe. Der Nationalsozialismus beeilte sich, alsbald nach seiner

Machtergreifung am 29.3.1933 die Vollstreckungsart des Erhängens wieder einzuführen, wobei die Festlegung der Reichsregierung oder der regionalen Vollstreckungsbehörde oblag. Die gleiche Möglichkeit sah die Verordnung gegen Volksschädlinge vom 5.9.1939 vor, die vor allem die Plünderung nach Fliegerangriffen, aber auch sonstige Straftaten unter Ausnutzung der durch den Kriegszustand verursachten Verhältnisse mit der Todesstrafe bedrohte.

Hinsichtlich der Enthauptung verwiesen die vom Reichsminister der Justiz erlassenen Bestimmungen über die Vollziehung der Todesstrafe vom 22.10.1935 auf die von den früheren obersten Landesjustizbehörden erlassenen Vorschriften. Da hierbei als Möglichkeiten nur noch die Hinrichtung durch Beil und Fallbeil genannt wurden, war die Hinrichtung durch das Schwert inzwischen offensichtlich weggefallen. Am 22.1.1938 wurde angeordnet, daß Hinrichtungen mit dem Handbeil in Zukunft nicht mehr erfolgen sollten.[3]

Dagegen erfolgte die Vollstreckung der Todesstrafe bis zu ihrer jeweiligen Abschaffung in England, Österreich und anderen Staaten durch Erhängen, in Mittel- und Südamerika durch Erschießen, in Spanien durch Erwürgen mit der Würgeschraube (Garotte). In einigen Einzelstaaten der USA wurde die Vollstreckung durch den elektrischen Stuhl und die Gaskammer eingeführt; neuerdings gibt es die Vollstreckung durch eine giftige Injektion.

In Rußland erfolgte die Vollstreckung der Todesstrafe durch Erhängen,[4] seit der Oktoberrevolution von 1917 erfolgt sie durch Erschießen; dem hatten sich die übrigen kommunistischen Staaten angeschlossen.

Ende des 19. Jahrhunderts begann eine weltweite Bewegung zur Abschaffung der Todesstrafe. Den Beginn machte Portugal 1867; ihm folgten die Niederlande 1870, Norwegen 1905, Schweden 1921, Island 1928, Dänemark 1930 und Finnland 1949. Auch in Mittel- und Südamerika wurde die Todesstrafe seit Ende des letzten Jahrhunderts weitgehend abgeschafft. Einen wichtigen Meilenstein bildete die Abschaffung der Todesstrafe durch das Grundgesetz der Bundesrepublik Deutschland von 1949, die vor allem auf der grauenhaften Ausweitung der Todesstrafe unter dem

Nationalsozialismus beruhte. Österreich folgte 1950. In England wurde die Todesstrafe 1965 zunächst befristet und 1969 endgültig abgeschafft (außer bei Hochverrat), in Frankreich erfolgte die Abschaffung 1981.
Inzwischen wird versucht, die Todesstrafe durch internationale Abkommen noch weiter zurückzudrängen. Der Internationale Pakt über bürgerliche und politische Rechte von 1966 beschränkt die Todesstrafe auf „schwerste Verbrechen" von Erwachsenen. 1983 wurde das 6. Zusatzprotokoll zur Europäischen Konvention über Menschenrechte und Grundfreiheiten verabschiedet, wonach die Todesstrafe abgeschafft ist. Dieses Protokoll ist bis Ende 1994 in 24 Mitgliedsstaaten des Europarates in Kraft getreten, allerdings nicht in der Türkei, dem einzigen Mitgliedstaat, in dem die Todesstrafe noch angewandt wird. Auch das vor kurzem aufgenommene Rußland hat bisher die Unterzeichnung des 6. Zusatzprotokolls abgelehnt. Auch zum Internationalen Pakt über bürgerliche und politische Rechte wurde im Jahr 1989 von der Generalversammlung der Vereinten Nationen ein 2. Fakultativprotokoll verabschiedet, das Hinrichtungen verbietet. Das Fakultativprotokoll ist nach der Ratifikation durch die erforderliche Zahl von Staaten 1991 in Kraft getreten. Allerdings hatten Ende 1991 nur 44 Staaten die Todesstrafe vollständig abgeschafft. 16 Staaten hatten sie für gewöhnliche Verbrechen abgeschafft und 21 Staaten seit mehr als zehn Jahren nicht mehr vollstreckt. Auf der anderen Seite hatten jedoch 106 Staaten die Todesstrafe beibehalten, darunter vor allem China, Indien, Rußland, die USA, Indonesien und die arabisch-islamischen Staaten.

II. Die Häufigkeit der Todesstrafe in Deutschland 1882–1949/1987

Es wurde schon darauf hingewiesen, daß durch das Reichsstrafgesetzbuch von 1871 die Anwendbarkeit der Todesstrafe auf den Mord begrenzt wurde. Die Reichskriminalstatistik beginnt mit dem Jahre 1882, so daß erst ab diesem Zeitpunkt Daten über die Häufigkeit der Todesstrafe vorliegen.

Da auch der Staat vor der ultimativen Maßnahme der Tötung zurückschreckt, ist für die Todesstrafe die Möglichkeit und die häufige Anwendung der Begnadigung charakteristisch. Auch der Internationale Pakt über bürgerliche und politische Rechte von 1966 hat das Recht auf ein Gnadengesuch bei zum Tode Verurteilten ausdrücklich als ein Menschenrecht anerkannt, während andererseits Stalin in Gesetzen von 1934 und 1937 bei bestimmten politischen Delikten Gnadengesuche von vornherein für unzulässig erklärte.
Dementsprechend ist bei der Statistik der Todesurteile zwischen Todesurteilen und Hinrichtungen zu unterscheiden. Diese Statistik ergibt für die Jahre 1882 bis 1932 Folgendes:

	Todesurteile	Hinrichtungen
1882 1883 1884 1885 1886	380 (= 76 pro Jahr)	75 (= 15 pro Jahr)
1887 1888 1889 1890 1891	260 (= 52 pro Jahr)	unbekannt
1892 1893 1894 1895 1896	275 (= 55 pro Jahr)	unbekannt
1897 1898 1899 1900 1901	210 (= 42 pro Jahr)	125 (= 25 pro Jahr)

	Todesurteile	Hinrichtungen
1902 1903 1904 1905 1906	185 (= 37 pro Jahr)	115 (= 23 pro Jahr)
1907 1908 1909 1910 1911	185 (= 37 pro Jahr)	105 (= 21 pro Jahr)
1912 1913 1914 1915 1916	170 (= 34 pro Jahr)	100 (= 20 pro Jahr)
1917 1918	58 (= 29 pro Jahr)	40 (= 20 pro Jahr)
1919	89	10
1920	113	36
1921	149	28
1922	124	26
1923	77	15
1924	112	23
1925	95	16
1926	89	14
1927	64	6
1928	46	2
1929	39	–
1930	43	1
1931	49	4
1932	52	3

	Todesurteile	Hinrichtungen
1933	78	64
1934	102	79
1935	98	94
1936	76	68

Quelle: B. Düsing, Abschaffung der Todesstrafe, 1952, S. 175, 209, 211.

Die Statistik zeigt eine recht niedrige Rate, in den Notjahren nach dem Ersten Weltkrieg eine Zunahme und für das Ende der Weimarer Republik sogar ein fast völliges Verschwinden, dagegen schon für die ersten Jahre der nationalsozialistischen Herrschaft eine noch nie dagewesene Zahl von Hinrichtungen. Ab 1937 setzt eine Diskrepanz zwischen der offiziellen Statistik und den gemeldeten Hinrichtungen ein, die in der Folgezeit immer mehr zunimmt. Zuverlässige Angaben über die Zahl der Hinrichtungen von 1937 bis 1945 sind daher nicht möglich. Eine Umfrage bei den Generalstaatsanwälten der Bundesrepublik Deutschland ergab, daß in den Jahren 1940–1945 hier 3 069 Todesurteile vollstreckt wurden.[5] Reichhart als einer der vier im deutschen Reich tätigen Scharfrichter hat für die gleiche Zeit allein für sich 2 805 Hinrichtungen aufgezeichnet.[6]

Unbestreitbar ist – allein schon wegen der Ausweitung der gesetzlichen Androhung der Todesstrafe – eine erhebliche Zunahme. Das Bundesjustizministerium schätzt die Zahl der Todesurteile unter dem Nationalsozialismus auf 16 000, von denen mehr als drei Viertel, also 12 000, vollstreckt worden seien; hierzu kämen mindestens 25 000 Todesurteile der Kriegsgerichte.[7]

Nach dem Zusammenbruch des Nationalsozialismus wurden in Westdeutschland durch die Alliierten etwa 750 Personen wegen Verbrechen unter dem Nationalsozialismus hingerichtet; die Zahl der von der sowjetischen Besatzungsmacht Hingerichteten ist nicht genau bekannt, aber wesentlich höher.

Aufgrund von Urteilen deutscher Gerichte wurde von 1946–1949 in den westlichen Besatzungszonen und Groß-Berlin die folgende Anzahl von Personen zum Tode verurteilt bzw. hingerichtet:

	Todesurteile	Hinrichtungen
1946	3	9
1947	23	9
1948	70	4
1949	29	2

Quelle: Düsing, a. a.O., S. 231f.

In der sowjetischen Besatzungszone und anschließend der DDR wurden bis zur Abschaffung der Todesstrafe 1987 etwa 200 Todesurteile verhängt und ca. 130 vollstreckt.

III. Die gesellschaftliche Stellung des Scharfrichters

Mit der Herausbildung der Todesstrafe als Strafart stellte sich das Problem ihrer Vollstreckung. Während in Deutschland die Todesstrafe ursprünglich durch den siegreichen Kläger, gelegentlich auch durch den jüngsten Schöffen oder den jüngsten Ehemann des Dorfes vollstreckt wurde, bildete sich im 13. Jahrhundert der Beruf des Vollstreckers der Todesstrafe heraus. Es dürften zuerst die Städte gewesen sein, die solche berufsmäßigen Vollstrecker beschäftigten. Für diesen Beruf haben sich über hundert Bezeichnungen herausgebildet, vom „Abkürzer“ über den „Auwehmeister“ bis zum „Wizener“ und zum „Zwicker“.[8] Am meisten verbreitet war zunächst der Ausdruck „Henker“ (zuerst Stadtbuch von Augsburg 1276). Diese Bezeichnung umfaßte zwar neben dem Hängen auch andere Formen der Hinrichtung, konnte aber ihre Beziehung zu dieser besonders schimpflichen Form der Todesstrafe nicht ablegen und trat daher später gegenüber anderen Bezeichnungen zurück. Ab der Mitte des 16. Jahrhunderts bildete sich im Süden Deutschlands die Bezeichnung „Nachrichter“ heraus. Sie erhielt vor allem durch ihre Verwendung in der Peinlichen Gerichtsordnung Karls V. von 1532, dem ersten gesamtdeutschen Straf- und Strafprozeßgesetzbuch, das schon unter I. erwähnt wurde, große Verbreitung. Ab der Mitte des 16. Jahrhunderts verbreitete sich von Nord- und Mitteldeutschland ausgehend die Bezeichnung „Scharfrichter". Sie wird schließlich herrschend und wird z. B. im Codex Juris Bavarici Criminalis von 1751, der Constitutio Criminalis Theresiana von 1768 und im Preußischen Allgemeinen Landrecht von 1791 verwendet.

Bemerkenswert erscheint an den Bezeichnungen „Nachrichter" und „Scharfrichter" die enge Beziehung zu dem Richten und damit zu dem Urteilsspruch. Auch der Ausdruck „hin-richten" weist ja diese enge Beziehung auf. Diese Bezeichnungen erscheinen daher geeignet, die Abwälzung der Verantwortung auf den Vollstrecker und dessen Ausgrenzung zu hindern.

In der neuesten Zeit wird wieder die Bezeichnung „Henker" bevorzugt, und zwar auch für die Personen, die die Todesstrafe auf andere Weise als durch Erhängen vollstrecken.

So sehr die Gesellschaft die Dienste des Vollstreckers der Todesstrafe in Anspruch nahm, so sehr versuchte sie, sich von ihm oder besser: ihn von sich fernzuhalten. Der Scharfrichter galt – mit anderen Berufsgruppen – als „unehrlich". Folge und Ausdruck der „Unehrlichkeit" der Scharfrichter waren eine Berührungsangst und ein Berührungstabu. Zur Vermeidung von Berührungen waren dem Scharfrichter zahlreiche Verbote auferlegt. Er durfte nicht in der Stadt oder nur an ihrem Rand an der Stadtmauer wohnen. Ihm wurde in der Kirche und in Wirtshäusern eine besondere Bank zugewiesen, ja, an manchen Orten der Besuch dieser Stätten völlig untersagt. Das Zechen, Kegeln oder Tanzen mit dem Scharfrichter zog soziale Ächtung und insbesondere Versagung der Arbeitserlaubnis durch die Zünfte nach sich. Der Scharfrichter durfte keine öffentlichen Badehäuser benutzen und hatte, um schon von weitem erkennbar zu sein, besondere Kleider zu tragen.[9] Die Drohung mit der Berührung durch den Scharfrichter wurde zur Disziplinierung benutzt. So erreichte der schwedische Stadtkommandant von Memmingen im Jahre 1647 die Verteidigung der Stadt gegen die belagernden bayerischen Truppen durch die Memminger erst durch die Drohung, die Verweigerer durch den Scharfrichter ausführen zu lassen. Das Ofener Stadtrecht sah als Strafe für die Unzucht einen Tanz mit dem Scharfrichter durch die Stadt vor. Sogar der Hinzurichtende selbst konnte manchmal eine Nichtberührung durch den Henker erbitten. Hierauf führen manche den Brauch zurück, daß der Henker auch in der neueren Zeit Handschuhe trug.[10] Die Berührungsscheu übertrug sich teilweise auf vom Henker berührte Gegenstände. Geld durfte von ihm nicht unmittelbar entgegengenommen werden; er mußte es hinlegen, und man ließ es, bevor man es berührte, „abkühlen" und wischte es ab. Der Henker durfte nicht einmal sein Vieh auf der allgemeinen Weide weiden lassen, sondern mußte den Richtplatz als Weide benutzen.

Die Gelehrten streiten darüber, ob diese Berührungsscheu Folge uralter Tabuvorstellungen war, die ihrerseits auf einen ursprünglich kultischen Charakter der Tötung von Straftätern zurückgingen. Auch die Anhänger dieser Auffassung müssen aber zugeben, daß dieser Hintergrund bald verlorenging.

Bemerkenswert erscheint der Versuch der Bambergischen Halsgerichtsordnung von 1507, der Vorläuferin und des Vorbilds der Peinlichen Gerichtsordnung Karls V. von 1532, den Ruf der von ihr so genannten „Nachrichter" zu retten. Sie stellt fest, daß das Sakrament den Nachrichtern versagt werde, die ihre Belohnung für „jedes Stück ihres Werkes nehmen", und weist noch darauf hin, daß dies nicht deshalb geschehe, weil eine „solche Vollziehung der Gerechtigkeit und ernstliche Bestrafung der Übeltat" Unrecht sei, sondern allein deshalb, weil sich durch einen derartigen „Stücklohn" bei den Nachrichtern eine „böse unordentliche Begierde" herausbilden könne. Die Bambergische Halsgerichtsordnung verlangte daher eine erfolgsunabhängige Belohnung der Nachrichter, deren „Handwerk zum Gemeinnutz nicht entraten werden" könne, durch einen Jahressold (Art. 258).

Die Scharfrichter mußten meist auch andere abstoßende Tätigkeiten verrichten, insbesondere die Abdeckerei (Tierkörperbeseitigung, „Schinder", „Wasenmeister"), die Kloakenreinigung („Nachtarbeit") und das Einfangen streunender Hunde. Auch der Vater von Johann Reichhart war ja Wasenmeister. Auch hierbei

streiten die Gelehrten darum, ob diese Tätigkeiten der Grund für die „Unehrlichkeit" der Scharfrichter gewesen sind oder aber die Folge, indem diese auf Nebeneinkünfte angewiesen waren und keine andere „ehrliche" Arbeit fanden.
Wegen der „Unehrlichkeit" der Scharfrichter gab es auch Schwierigkeiten bei deren eigenem Tod. Es war schwer, Grabträger zu finden. So blieb 1680 der Rostocker Nachrichter Jakob Schmidt elf Wochen lang unbestattet, bis es gelang, die Nachtwächter zum Sargtragen zu zwingen.[11]
Der Irrationalität der Berührungsangst stand auf der anderen Seite aber auch eine geradezu magische Wirkung gegenüber. Fetzen der Kleidung Hingerichteter, Stücken vom Strick, ja auch Leichenteilen und vor allem dem „Armsünderfett" wurde eine magische Wirkung zugesprochen und den Scharfrichtern für einen hohen Preis abgekauft.[12] Zur Entnahme von Leichenfett waren die Scharfrichter meist ausdrücklich befugt. Als der Erzbischof von Passau um 1618 Männer für einen Feldzug gegen Böhmen sammelte, verkaufte der Passauer Scharfrichter Kaspar Neithardt ihnen kleine Zettelchen mit aufgestempelten Zauberzeichen gegen Verwundungen. Als der Feldzug nach Prag ohne nennenswerten Widerstand glückte, verbreitete sich der Ruf von der „Passauer Kunst", und Neithardt und noch seine Nachkommen trieben einen schwunghaften Handel.[13]
Da dem Scharfrichter der Bau des menschlichen Körpers makabrerweise besser vertraut war als studierten Ärzten, denen im Mittelalter die Sezierung verboten war, wurde der Scharfrichter auch als Arzt und Chirurg eingesetzt. In Eger beschwerte sich daraufhin 1581 die Handwerkerinnung der Bader, Barbiere und Steinschneider über die unliebsame Konkurrenz eines Scharfrichters. Der Rat von Eger hielt Umfrage und erfuhr u. a. von der Stadt Regensburg, daß dort der Nachrichter nur verrenkte Glieder einrichten und schwindende Glieder schmieren dürfe. Daraufhin erging auch in Eger eine entsprechende Verordnung.[14] Der Berliner Henker Coblenz war Hof- und Leibarzt von Friedrich I. von Preußen. Mehrfach wurden Scharfrichter später zu Stadtärzten ernannt.[15]
Man spricht daher heute von der „Ambivalenz" der Stellung des Scharfrichters.[16]

Die „Unehrlichkeit" der Scharfrichter ergriff auch ihre Angehörigen und besonders die Kinder. Den Kindern von Scharfrichtern wurde von den Zünften der Zutritt verwehrt; sie konnten meist nur Angehörige anderer Scharfrichter heiraten. Erst 1731 verbot die Kaiserliche Reichsverordnung zur Abstellung der Handwerker-Mißbräuche die Nichtzulassung der Kinder von Scharfrichtern zum Handwerk, nahm allerdings immer noch die Kinder von Schindern aus. Die Berührungsscheu und die Berührungsverbote gegenüber den Scharfrichtern und ihren Familien führten zwangsläufig zur Herausbildung ganzer Scharfrichter-Dynastien. Glenzdorf/Treichel haben nicht weniger als 5 800 deutsche Scharfrichter- und Abdeckerfamilien ermittelt.[17] Auch Johann Reichhart übernahm das Amt des Scharfrichters ja von seinem Onkel.
Die Ausgrenzung aus der Gesellschaft führte auch zum Aufbau eines ausgeprägten Selbst- und Standesbewußtseins der Scharfrichter. Aus diesem Selbstbewußtsein heraus entstanden zahlreiche Tagebücher von Scharfrichtern. Am bekanntesten ist das Tagebuch, das der Scharfrichter von Nürnberg, Meister Franz, 1573–1615 führte. Es wurde 1801 zum ersten Mal veröffentlicht, 1913 neu herausgegeben und erschien 1980 in einem Faksimilenachdruck.[18] Aus neuerer Zeit bekannt ist das Buch von Josef Lang, Erinnerungen des letzten Scharfrichters im k. k. Österreich (1920).
Auf der anderen Seite wird häufig über Selbstmorde von Scharfrichtern berichtet. Offensichtlich bringt das Amt eine erhebliche seelische Belastung mit sich, zieht vielleicht auch von vornherein Personen mit einer gewissen Todessehnsucht an. So beging in Schwaben im Jahr 1600 der Nachrichter von Donauwörth Selbstmord, 1790 der Scharfrichter von Augsburg.[19] Auch die vorliegende Schrift berichtet von einem Selbstmordversuch des Scharfrichters Reichhart, dem Selbstmord seines Sohnes und dem Selbstmord des von ihm angelernten amerikanischen Henkers.
Angesichts dieser bemerkenswerten Lebensverläufe haben sich auch immer wieder Biographen des Lebens von Scharfrichtern angenommen. Besonders bekannt ist das Werk „The Hangmen of England" von Horace Bleackley (1929).[20]

IV. Die rechtliche Bewertung der Tätigkeit des Scharfrichters

Obwohl der Scharfrichter tötet und bis zum Ende des 17. Jahrhunderts auch gezielt grausam tötete, ist sein Handeln als Amtshandlung gerechtfertigt und zieht seinerseits keine Strafe wegen Mord oder Totschlag nach sich. Bei unrechtmäßiger Folter drohte die Peinliche Gerichtsordnung Karls V. von 1532 den Richtern, nicht aber dem Scharfrichter Bestrafung an (Art. 62). Es werden zwar zahlreiche Bestrafungen von Scharfrichtern überliefert, aber nicht wegen unrechtsmäßiger Ausübung ihrer Tätigkeit, sondern wegen allgemeiner Delikte.[21]

Wohl aber droht dem Scharfrichter Bestrafung beim „üblen Richten“, d. h., wenn ihm die Hinrichtung mißlingt, weil der Strick reißt oder der Schwertschlag nicht genau trifft. Allerdings wurden nur selten staatliche Sanktionen verhängt (Geldstrafen und befristete Gebietsverweisung);[22] vor allem traf den Scharfrichter die Volkswut. Es wird von zahlreichen Fällen berichtet, in denen die Zuschauer nach solchen Vorkommnissen den Scharfrichter gesteinigt oder erschlagen haben. Nach der stümperhaften Enthauptung einer Kindesmörderin 1640 in Regensburg mußte der Scharfrichter Hans Krafft fluchtartig den Richtplatz verlassen; sein Sohn bahnte ihm mit einem Schwert den Weg durch die Menge. Am Jakobstor konnten sich beide in ein Haus flüchten, doch setzte die Menge nach und erschlug den Henker. Der Sohn konnte zwar flüchten, wurde aber bald darauf gestellt und ebenfalls getötet.[23] Richard von Dülmen sieht hierin den Ausdruck eines Kampfes zwischen Obrigkeit und Volk.[24] Näher liegt die Deutung als Protest gegen die unnötige Grausamkeit der Tötung, möglicherweise auch gegen die fehlende Befriedigung der Tötungsaggression. Neuerdings überwiegen tiefenpsychologische Deutungen. Nach J. Gernhuber bezahlte man die unbewußte Ablehnung des grausamen Strafensystems mit einem Trauma, dessen Opfer der Henker war.[25] W. Oppelt nimmt eine Störung der Projektion der Unterdrückung der eigenen latenten verbrecherischen Regungen auf den Delinquenten und deren Umlenkung auf den Scharfrichter an.[26] Die Peinliche Gerichtsordnung Karls V. von 1532 fühlte sich veranlaßt, dem Richter ausdrücklich aufzugeben, öffentlich den

„Nachrichterfrieden" auszurufen und zu verbieten, den Nachrichter bei seiner Tätigkeit zu behindern oder ihn beim Mißlingen anzugreifen (Art. 97).
Ein besonderes Problem stellt sich bei Unrechtssystemen, die Strafen verhängen, die offensichtlich dem allgemeinen Rechtsgefühl widersprechen. Sowohl bei der strafrechtlichen Aufarbeitung des Nationalsozialismus als auch der des DDR-Unrechts hat sich gezeigt, daß die Rechtsprechung geneigt ist, den unmittelbar Ausführenden (KZ-Wächter, Mauerschützen) die systemimmanente Rechtfertigung für ihr Tun zu entziehen und sie zu bestrafen, die Richter dagegen weitgehend zu verschonen.
In der Sowjetischen Besatzungszone wurden die Scharfrichtergehilfen Kleine und Rose, die 1944–1945 an 931 Vollstreckungen nationalsozialistischer Todesurteile beteiligt gewesen waren, 1946 zum Tode verurteilt.[27] Diese Verurteilung hielt der Rechtsgelehrte und Rechtsphilosoph Gustav Radbruch, der mit seinem Aufsatz „Gesetzliches Unrecht und übergesetzliches Recht" die Grundlage für die Unbeachtlichkeit der Unrechtsgesetze von Willkürsystemen gelegt hat, für unrechtmäßig, da dem Scharfrichter keine Nachprüfung der Rechtmäßigkeit des Urteils obliege.[28] Diese Auffassung kann nicht befriedigen. Sicher obliegt dem Scharfrichter keine Nachprüfung des Urteils. Aber bei erkannter Unrechtmäßigkeit kann sein Handeln nicht gerechtfertigt sein. Eine andere Frage ist allerdings, ob ein juristisch nicht gebildeter Scharfrichter den Verstoß der nationalsozialistischen Gesetze gegen höheres Recht erkennen konnte. Johann Reichhart wurde – wie von Johann Dachs dargestellt – nicht strafgerichtlich verurteilt, sondern nach dem „Gesetz zur Befreiung von Nationalsozialismus und Militarismus" in die Gruppe der „Belasteten", zu der neben den „Militaristen" die „Aktivisten" und die „Nutznießer" gehörten, eingestuft und zu eineinhalb Jahren Arbeitslager verurteilt.

ANMERKUNGEN

[1] *W. Peitzsch,* Kriminalpolitik in Bayern unter der Geltung des Codex Juris Criminalis Bavarici von 1751, 1968, S. 43, 76.

[2] Metaphysik der Sitten. Metaphysische Anfangsgründe der Rechtslehre, 1797.

[3] Verfügung des Reichsministers der Justiz, Az. 4417–III. a $\frac{4}{}$ 139, abgedruckt in: Nationalsozialistische Justiz und Todesstrafe. Eine Dokumentation zur Gedenkstätte in der Justizvollzugsanstalt Wolfenbüttel, 1991, S. 25.

[4] Die Erhängung seines Bruders wegen der Planung eines Sprengstoffattentats auf den Zaren 1887 beeinflußte den 17jährigen Wladimir Iljitsch Uljanow (später „Lenin") zutiefst.

[5] *B. Düsing,* Abschaffung der Todesstrafe, 1952, S. 216.

[6] *E. Helmensdorfer,* Scharfrichter seit 200 Jahren, in: Pitaval („Das deutsche Kriminalmagazin"), 1949, Nr. 7, S. 22ff.

[7] Im Namen des Deutschen Volkes. Justiz im Nationalsozialismus, Katalog zur Ausstellung des Bundesministers der Justiz, 1989, S. 206.

[8] Eingehende Darstellung bei *E. Angstmann,* Der Henker in der Volksmeinung. Seine Namen und sein Vorkommen in der mündlichen Volksüberlieferung, 1928. Bemerkenswerterweise ist auch der Name der Autorin einer der Namen für den Vollstrecker der Todesstrafe!

[9] Hierzu *A. Keller,* Der Scharfrichter in der deutschen Kulturgeschichte 1921 (Nachdruck 1968), S. 114ff.; *H. Schuhmann,* Der Scharfrichter. Seine Gestalt – seine Funktion, 1964, S. 161ff.; *W. Oppelt,* Über die „Unehrlichkeit" des Scharfrichters. Unter bevorzugter Verwendung von Ansbacher Quellen, 1976.

[10] *H. Schuhmann,* Handwörterbuch zur deutschen Rechtsgeschichte, hrsg. von A. Erler und E. Kaufmann, II. Bd., 1978, Sp. 76. Weniger überzeugend die Ansicht von *W. Schild,* die neuere Kleidung des Henkers mit Zylinder und Frack sei die Berufskleidung des Virtuosen oder Zauberkünstlers (Alte Gerichtsbarkeit, 1980, S. 184).

[11] *J. Glenzdorf/F. Treichel,* Henker Schinder und arme Sünder, 1970, Bd. 1, S. 33.

[12] Hierzu *Angstmann* (Anm. 8), S. 93f.; *Oppelt* (Anm. 9), S. 720ff.

[13] *G. Freytag,* Bilder aus der deutschen Vergangenheit, 1859, Bd. III, S. 76.

[14] *Oppelt* (Anm. 9), S. 384f.

[15] *Schuhmann* (Anm. 9), S. 210.

[16] *C. Helfer* im Vorwort zum Nachdruck des Buches von Keller (Anm. 9), S. XI; *Schild* (Anm. 10), S. 177.

[17] *J. Glenzdorf/F. Treichel,* Henker Schinder und arme Sünder, 2 Bände, 1970.

[18] Die bibliophilen Taschenbücher, Bd. 160.

[19] *Schuhmann* (Anm. 9), S. 223. S. a. Oppelt (Anm. 9), S. 219f.

[20] Nachgedruckt in: State Executions Viewed Historically and Sociologically (Patterson Smith series in criminology, law enforcement, and social problems, no. 170), 1977.

[21] *Schuhmann* (Anm. 9), S. 220ff.

[22] *Oppelt* (Anm. 9), S. 215, 268.

[23] *Glenzdorf/Treichel* (Anm. 11), S. 78.

[24] Theater des Schreckens. Gerichtspraxis und Strafrituale in der frühen Neuzeit, 2. Aufl. 1988, S. 149f.

[25] Strafvollzug und Unehrlichkeit, in: Zeitschr. der Savigny-Stiftung für Rechtsgeschichte, germanist. Abteilg., 74. Bd. (1957), S. 119ff., 164.

[26] Anm. 9, S. 278ff.

[27] Liberal-demokratische Zeitung, Halle, 12. 6. 1946. Nach *T. Koch* (Die Geschichte der Henker. Scharfrichter-Schicksale aus acht Jahrhunderten, 1988, S. 302, 308) wurden nach dem Ende des Zweiten Weltkrieges alle Scharfrichter Deutschlands bis auf Johann Reichhart (Reindel, Röttger, Köster, Ulitzke, Weiß, Hehr, Roselieb, Kleine) hingerichtet. Diese Angabe konnte nicht überprüft werden.

[28] Süddeutsche Juristen-Zeitung, Jahrgg. I, S. 105ff., 108.

QUELLEN UND LITERATUR

Quellen

Bayerisches Hauptstaatsarchiv München
Personalakt Reichhart

Bayerisches Staatsarchiv München
Gerichtsurteile

Bayerisches Staaatsarchiv Augsburg
Gerichtsurteile

Bundesarchiv Koblenz
Verfügungen des Reichsministers der Justiz

Mündliche Auskünfte von Zeitzeugen

Literatur

Aicher-Scholl, Inge, Die weiße Rose, Frankfurt a.M., 1953

Arasse, Daniel, Die Guillotine. Die Macht der Maschine und das Schauspiel der Gerechtigkeit, Hamburg 1988

Dachs, Johann, Tollkirschen im Blaubeersaft – alte Morde neu protokolliert, Passau, 1995

Dachs, Johann, Die Landstorferbande – eine wahre Kriminalgeschichte, Dachau, 1992

Dachs, Johann, Bayerns letzter Scharfrichter, in: Altbayerische Heimatpost 45. Jg. (1993) Nr. 15–18.

Düsing, Bernhard, Die Geschichte der Abschaffung der Todesstrafe in der Bundesrepublik Deutschland. Mit einem Vorwort des Bundesministers der Justiz Dr. Thomas Dehler, Offenbach/Main, 1952.

Färber, Konrad M., Symbol der Schreckensherrschaft, in: Frankfurter Allgemeine Zeitung v. 24.02.87.

Feldmann, Christian, Der Domprediger. Dr. Johann Maier – ein Leben im Widerstand, Regensburg 1995, S. 10, S. 111 f.

Glenzdorf, Johann / Treichel, Fritz, Henker, Schinder und arme Sünder. Erster Teil: Beiträge zur Geschichte des deutschen Scharfrichter- und Abdeckerwesens. Zweiter Teil: 5800 Scharfrichter- und Abdeckerfamilien, Bad Münster am Deister (Wilhelm Rost Verlag), 1970.

Halter, Helmut, Stadt unterm Hakenkreuz. Kommunalpolitik in Regensburg während der NS-Zeit (Regensburger Studien und Quellen zur Kulturgeschichte, herausgegeben von den Museen und dem Archiv der Stadt Regensburg, Bd. 1), Regensburg 1994, S. 214 f.

Helmensdorfer, Erich, Scharfrichter seit 200 Jahren (Dokumentarbericht nach Tagebüchern, Briefen und Aufzeichnungen der Scharfrichterfamilie Reichhart in München), in: Pitaval. Das deutsche Kriminalmagazin, 1949, Nr. 6, S. 18–21, Nr. 7, S. 22–24.

Liedke, Volker, Scharfrichter in Bayern, in: Blätter des Bayerischen Landesverbandes für Familienkunde, Bd. 26 (1963), S. 316 f.

Mortimer, John F., Henker. Selbstzeugnisse, Tagebücher und zeitgenössische Berichte. Dokumente menschlicher Grausamkeit im Namen des Gesetzes. Todesstrafe ja oder nein? Genf 1976.

Ortner, Helmut, Der Hinrichter. Roland Freisler – Mörder im Dienste Hitlers, in: Zeitschrift für Rechtspolitik 5/1994, S. 169.

Ostermann, Rainer, Kriegsende in der Oberpfalz. Ein historisches Tagebuch, Regensburg 1995, S. 67.

Zirgens, W., (Hg.), Die Guillotine und deren Entstehung. Geschichtliche Documente über die Herstellung und Einführung dieses Hinrichtungs-Instruments in Frankreich, Leipzig 1853.

ABBILDUNGSNACHWEIS

Bayerisches Hauptstaatsarchiv München
Seiten 37, 55, 71, 81, 135

Bibliothèque nationale, Paris
Seiten 15, 19

Musée Carnavalet, Paris
Seiten 17, 23

Johann Dachs, Dachau
Seiten 11 (unten), 142, 143

Foto Daniel, Regensburg
Seite 11 (oben)

Spiegel-Archiv Hamburg
Seite 33

Stadtarchiv Amberg
Seite 27

Süddeutscher Verlag
Seiten 21, 79, 99, 105 (oben u. unten), 107 (oben u. unten), 119, 121, 129, 131 (oben u. unten), 139

Ullstein-Bilderdienst
Seite 45

Privat
Seite 49

BAYERISCHE BIOGRAPHIEN

Herausgegeben von Albert von Schirnding

Carlo Ross

Abenteurer und Rebell

Ulrich Schmidl und die Entdeckung Lateinamerikas

208 Seiten, gebunden, farbiger Schutzumschlag
DM 39,80 / öS 289,– / sFr 37,–
ISBN 3-927529-73-7

Ulrich Schmidl
** um 1515 in Straubing † 1581 in Regensburg*

Die wahre Geschichte eines aus vornehmer Familie stammenden jungen Mannes, den es in die fremde Welt treibt und der zum Mitentdecker Lateinamerikas und Mitbegründer von Buenos Aires wird.

*

Christian Feldmann

Ordensmann und Menschenfreund

Frater Eustachius Kugler

Ein Leben für die Kranken als Barmherziger Bruder

119 Seiten, gebunden, farbiger Schutzumschlag
zahlreiche Abbildungen
DM 24,80 / öS 180,– / sFr 23,–
ISBN 3-927529-82-6

Eustachius (Joseph) Kugler
** 1867 in Neuhaus bei Nittenau/Opf. † 1946 in Regensburg*

Der Sohn eines Hufschmieds aus der Oberpfalz, der zum Provinzial des Ordens der Barmherzigen Brüder in Bayern gewählt wurde, gilt als einer der Begründer einer modernen Krankenhausbehandlung in Bayern.

MITTELBAYERISCHE
DRUCK- UND VERLAGS-GESELLSCHAFT
REGENSBURG